Anna Etter

„Sie schaut mir direkt ins Herz …“

Om Shanthi – Hilfe für Indiens vergessene Witwen

DRAUPADI VERLAG

Anna Etter:
„Sie schaut mir direkt ins Herz ...“
Om Shanthi – Hilfe für Indiens
vergessene Witwen

Heidelberg: Draupadi Verlag, 2025
ISBN 978-3-949937-10-1

Draupadi Verlag
Dossenheimer Landstr. 103
69121 Heidelberg

info@draupadi-verlag.de
www.draupadi-verlag.de

Ich träume von Inseln der Menschlichkeit
In dem Meer der Härte und Gleichgültigkeit.
Ich träume von Menschen, die etwas einsetzen,
um anderen ein würdiges Leben zu ermöglichen.
Ich träume von angstfreien Räumen
Und mutmachenden Gedanken.
Ich träume von Häusern, Wohnungen und Zimmern,
in denen mit Zeit und Liebe
Menschen gefördert werden,
die sonst in unserer Welt wenig zählen.,

Es genügt nicht,
über die Dunkelheit zu klagen.
Es ist nötig, ein Licht zu sein.
Es genügt nicht,
auf die anderen zu warten;
jeder von uns ist aufgerufen,
den ersten Schritt zu wagen,
echter und menschlicher zu werden.
Es ist nicht genug, nur zu träumen,
wenn das Leben uns die Möglichkeit bietet,
unsere Träume zu verwirklichen.

(Verfasser unbekannt)

Witwen in Indien

„Witwe sein“ ist in Indien anders als bei uns. Eine Witwe hatte früher als „ideale Gattin“ ihrem Mann in den Tod zu folgen (Sati). Diese Praxis ist zum Glück seit 1986 gesetzlich verboten. Die moderne indische Regierung hat eine kleine monatliche Pension für Witwen bestimmt und auch eine gesetzliche Erbfolge geregelt. Der Alltag in den Dörfern und in den Städten sieht jedoch für Millionen armer Witwen anders aus.

Viele alte, mittellose Frauen können nicht lesen und schreiben und haben damit auch nicht die Möglichkeiten, ihre gesetzlichen Rechte zu beanspruchen oder gar zu erkämpfen.

Junge Witwen sind vollauf mit dem Überleben für sich und ihre Kinder beschäftigt und haben keine Rupie und keine Kraft übrig, um sich um ihre gesetzlichen Rechte zu kümmern. Sie wären auch in ihrem Dorf isoliert, wenn sie dieses täten.

Dazu kommt uralter Aberglaube, der den Witwen die schicksalhafte Schuld am Tod ihres Mannes gibt (Karma) und sie als „Unglücksbringerinnen“ für ihre Familien brandmarkt. Ihre Teilnahme an religiösen Feiern und Familienfesten ist deshalb nicht erwünscht und eine nochmalige Heirat fast unmöglich, auch wenn sie noch sehr jung sind.

Tiruvannamalai ist mit dem heiligen Berg Arunachala ein Pilgerort, wo alte, obdachlose Witwen hinwandern, um vielleicht in einer Ecke von uralten Tempeln einen Platz zu finden, wo sie bis zu ihrem Tod in Frieden leben können. Viele alte Frauen werden auch von ihren Familien hier ausgesetzt, in der Hoffnung, dass sich Shiva, der höchste Gott, der sich im Berg Arunachala manifestiert, um sie kümmern wird.

Alte Frauen ergeben sich gemäß ihrem Glauben demütig in ihr Schicksal. Ihre Leidensfähigkeit ist grenzenlos.

Junge Witwen dagegen kämpfen um ihren Lebensunterhalt und besonders darum, ihren Kindern ein Leben in Armut und Ablehnung zu ersparen. Sie wollen verhindern, dass dieses Stigma des „Witwendaseins“ auch noch die nächste Generation ertragen muss. Da sie meistens unzureichende Schulbildung und keine Ausbildung haben, weil das Ziel für die Erziehung von jungen Mädchen immer noch eine frühe, gute Heirat ist, haben sie keine Möglichkeit, eine qualifizierte Arbeit zu finden. Auch die Ausbildung ihrer Kinder, medizinische Versorgung und die Reparatur ihrer armseligen Hütte ist mit ihrem eigenen bescheidenen Einkommen nicht möglich.

Ich möchte an dieser Stelle ausdrücklich darauf hinweisen, dass alle meine Ausführungen sich auf die arme Landbevölkerung beziehen und nicht auf begüterte indische Familien, die sich sehr gut um ihre Witwen kümmern können.

Das Witwenproblem betrifft die arme, ungebildete, abergläubische Landbevölkerung, und das sind ca. 33 bis 40 Millionen Frauen in Indien.

Dieses Buch gibt Ihnen Einblicke in die Lebensgeschichten verschiedener Witwen, die heute in unserem Om Shanthi Heim ein sicheres Zuhause bis zu ihrem Tod gefunden haben. Es erzählt auch die Geschichte, wie dieses Heim entstanden ist. Trotz Perspektivlosigkeit und katastrophaler Lebensumstände haben diese Frauen ihren Lebensmut bewahrt. Om Shanthi hilft ihnen, ein würdevolles Leben zu führen. Ihre Geschichten sind bewegend und inspirierend – lassen Sie sich von den „Om Shanthi Frauen“ berühren. ***Eine herzliche Einladung!***

Erste Begegnung mit indischen Witwen und Anna in Tiruvannamalai

Tiruvannamalai, den 27. Januar 2009

Die 35 bis 40 Grad waren nicht das Problem, sondern die 90 Grad Luftfeuchtigkeit, als ich schwer bepackt mit meinem Gepäck samt der umfangreichen Filmausrüstung als Dokumentarfilmer im Januar 2010 von Chennai kommend Tiruvannamalai erreichte, eines der bedeutendsten indischen religiösen Zentren Südindiens mit seinem heiligen Berg Arunachala. In drei Tagen sollte ich in einer etwa 20 Kilometer entfernten Schule – dank der Vermittlung durch die Weltmission Nürnberg – einen Dokumentarfilm über indische Jugendliche drehen. In einem einfachen Hotel in Tiruvannamalai konnte ich mich an diesem Abend akklimatisieren.

Völlig erschöpft nahm ich an einem Tisch im Innenhof Platz und sah in eine Speisekarte, die mir in all ihrer Vielfalt ein spanisches Dorf war. Wenn da nur nicht diese wunderbaren Düfte der indischen Küche von den anderen Tischen fortwährend meine Nase heimsuchen würden! Als ich mich dann endlich per Zufallsgenerator für etwas entscheiden wollte, näherte sich eine etwa 60-jährige weiße Frau in indischem Gewand und schönen silbernen Haaren meinem Tisch.

Sie fragte mich auf Deutsch, ob es wahr sei, dass ich einen Film drehen will. Das Hoteltelegrafenamt hatte bereits nach wenigen Minuten mich, weißen Exoten, seinen wenigen Gästen avisiert. Ich war sehr wortkarg – sehr hungrig und sehr müde – bis zu dem Augenblick, als mir diese deutsche Frau aus Bonn erzählte, dass sie obdachlosen Witwen auf der Straße hilft.

Noch keine Viertelstunde in Tiruvannamalai war vergangen und jemand bot mir eine erschütternde Geschichte zum Schicksal indischer Witwen an. Ein Thema, das mich schon in Deutschland sehr bewegt hatte, zu dem mir jedoch jeglicher persönliche Zugang fehlte. Ich wusste, zu diesem Thema braucht man vor Ort nicht nur einen zuverlässigen kompetenten Gesprächspartner, sondern vor allem auch die entsprechenden indischen Frauen, die überhaupt bereit wären, über ihre dramatischen Lebensumstände zu sprechen. Eine Aufgabe für deren Dreharbeiten es wochenlange Vorbereitungen und sehr viel Fingerspitzengefühl bedurfte. Gerade im Umfeld des berühmten indischen Heiligtums von Tiruvannamalai in Tamil Nadu in Südindien begegnet man vielen indischen Bettlerinnen, viele davon obdachlose indische Witwen.

Ich denke, liebe Leser, Sie ahnen es schon: An meinem Tisch saß eine deutsche Frau, deren Herz von Bonn – wo sie die andere Hälfte des Jahres verbrachte – bis Tiruvannamalai reichte.

Anna Etter erzählte mir, dass sie auf dem Bürgersteig vor einigen Jahren eine sterbende alte Frau sah. Alle gingen vorbei. Keiner kümmerte sich um sie. Anna war schockiert und wollte helfen. Sie kaufte ihr Kekse, Wasser, Obst, und versuchte mit ihr zu sprechen. Die Witwe rappelte sich langsam hoch und schaute sie an. Anna beendete ihre Schilderung mit den Worten: „Diesen Blick vergesse ich überhaupt nie mehr! Sie schaute mir direkt ins Herz."

Es war der Augenblick, der damals ihr ganzes Leben veränderte – und an diesem Abend meine gesamten Pläne für die folgenden Tage.

Obwohl ich immer noch sehr hungrig und sehr müde war, spürte ich von Minute zu Minute immer mehr, dass ich ein Geschenk überreicht bekam, und Anna packte es aus – und wickelte mich darin ein, an diesem wunderbaren indischen Abend …

Es gab für mich keinen Zweifel mehr: Diese Witwengeschichte hat seit Monaten nur auf mich gewartet. In diesem Moment wusste ich, dass ich endgültig in Indien angekommen war.

Schon am nächsten Tag begannen wir mit den Dreharbeiten zu einem Dokumentarfilm über indische Witwen. Früh morgens machte ich mich auf die Suche nach einem jugendlichen indischen Kamerateam. In einer benachbarten Schule fanden wir, meine alte Bekannte Barbara Mohl und ich, zwei 16-jährige Jungen und ein Mädchen, die Interesse hatten mitzumachen, aber noch nie mit einer Kamera gearbeitet hatten. Diese Situation war mir von früheren Filmarbeiten in Afrika vertraut.

Eine Kurzeinführung in Schwenk und Zoom und Ton – mehr Zeit hatten wir nicht. Denn die Witwen warteten schon!

Am Nachmittag begannen die Dreharbeiten. Mit Hilfe von Manoharan, ihrem Projektpartner, war es Anna innerhalb weniger Stunden gelungen, drei Witwen und ihre Kinder aus drei verschiedenen Dörfern nahe Tiruvannamalai für die Dreharbeiten auszuwählen.

Nun konnte mein tamilisches, jugendliches Kamerateam mit den Aufnahmen beginnen. Bewusst bat ich das Mädchen, die Kamera zu übernehmen. So mussten die zwei Jungen das Mikrophon nehmen und die Interviews führen, natürlich in Tamil, ihrer Sprache. Ich konnte nichts verstehen, vertraute jedoch vollkommen auf die konzentrierte einfühlsame Arbeit meines indischen Kamerateams. Nur in ihren Gesichtern konnte ich lesen, ob es überzeugend war, was sie hörten. Hinter unserer Kamera standen die Dorfbewohner und erfuhren wahrscheinlich das erste Mal, wie leidvoll es ist, eine geächtete Witwe in einer Dorfgemeinschaft zu sein. Auch ohne die Sprache zu verstehen, war die Situation klar und wir hatten alle Tränen in den Augen …

Der nach diesen Dreharbeiten entstandene deutsche Film mit dem Titel „Sie schaute mir direkt ins Herz …“ (Frauenschicksale in Indien) berührte viele Menschen in Annas Umfeld in Deutschland. Die Spenden trugen dazu bei, dass das heutige Witwenheim Om Shanthi entstanden ist.

Der Film trug außerdem dazu bei, dass mit Hilfe einer sehr großzügigen Spende die wunderbare Weberei, in der junge Witwen angelernt werden, aufgebaut und wiedereröffnet werden konnte.

Thilo Pohle
Dokumentarfilmgruppe Rothenburg

„Ich habe die Liebe gesucht in Tiruvannamalai, aber hier ist sie ja!“

(eine Besucherin von unserem Om Shanthi Heim)

Dieses Büchlein ist aus dem Wunsch vieler Besucher/innen heraus entstanden, unsere wunderbaren Frauen, die hier im Om Shanthi Heim eine Heimat gefunden haben, näher kennenzulernen.

Viele liebevolle Begegnungen sind bei Gesang und Tanz geschehen und selten ist jemand von uns weggegangen, ohne von dem herzlichen Kontakt ohne Worte berührt worden zu sein. Viele kommen im nächsten Jahr wieder.

Wer sind nun diese Frauen? Wir wissen, dass sie Witwen sind und obdachlos waren. Und sehen sie jetzt in schöne Saris gekleidet, mit Glasperlen geschmückt und schön frisiert, so dass wir fast nicht glauben können, dass sie auf der Straße gelebt haben. Was haben sie erlebt, bevor sie jetzt bei uns im Om Shanthi Heim sind und den Rest ihres Lebens in jeder Hinsicht versorgt und geliebt verbringen dürfen?

Den „Stummen eine Stimme geben" – das wollten wir. Hier in diesem Buch hören wir viele Stimmen! Das Elend, das unsere indischen Schwestern lange allein durchleben mussten, wird hier ausgesprochen. Viele Tränen sind bei der Erinnerung an die Vergangenheit geflossen, vieles wollte auch nicht mehr erinnert werden … Aufgefangen wurden wir nach den Gesprächen immer von Frieden und Liebe, die hier in Om Shanthi zuhause sind.

Woher diese Liebe kommt, können wir nur vermuten:

Arunachala, unser heiliger Berg hier in Tiruvannamalai, zieht viele Besucher an. Für Inder hat sich der höchste Gott Shiva in diesem Berg inkarniert. Er ist die Verkörperung unserer innersten Essenz, die universelle Liebe ist. Die starke Energie und Ausstrahlung ist spürbar für alle, die in seiner Umgebung leben, auch für Sucher, die hierher gepilgert kommen.

Unsere Witwen hat er mit seiner besonderen Fürsorge bedacht und uns mit der Aufgabe, diese Frauen zu beschützen und ihnen ein würdevolles Lebensende zu bereiten.

Zweifel sind möglich, denn unserem westlichen Verstand ist diese indische Lebensart nicht unbedingt sofort zugänglich. Alles ist eine Herzensangelegenheit. Manchmal wird das Herz geknackt wie eine Nuss und dann ist da ganz einfach ein großer, weiter Raum, der sich immer mehr öffnet und in dem alles sein kann wie es ist: Kummer, Freude, Diabetes, Tanz, Gesang, Bluthochdruck, Schmerzen, Raben, Affen, Einsamkeit und Tod … Diesen haben wir inzwischen schon sehr oft gemeinsam gefeiert. Und alles ist gut so, wie es eben jetzt ist.

Es war der Sinn und Zweck von Om Shanthi, ein Ort zu sein,

wo obdachlose alte Frauen geborgen und in Frieden sterben können. Dies war mein Traum, damals – als mir diese sterbende Frau auf der Straße direkt ins Herz schaute.

Wer hätte gedacht, dass sich vor dem Tod das Leben noch einmal in solch einer Fülle und Freude voll entfalten kann?

Immerzu Dank an alle, die durch Spenden oder/und Dasein dazu liebevoll beitragen.

Anna Etter

Die Geschichte des „Om Shanthi Old Age Home“ und seiner Gründerin Anna

Die Geschichte von mir und unserem „Om Shanthi Old Age Home“ macht deutlich, wie wir alle liebevoll geleitet werden, damit wir unsere Aufgaben und den Sinn in unserem Leben finden können.

Dies kann jeden Augenblick passieren, wenn wir still und offen sind. Etwas Namenloses übernimmt plötzlich die Regie, oft gerade dann, wenn wir nichts Besonderes erwarten. Mir passierte „ES“, als ich nach 30 Jahren Lehrerinnentätigkeit in Köln pensioniert wurde und mich im Ramana Maharshi Ashram in Tiruvannamalai auf meine bevorstehende „Nur-Yoga-und-Meditations-Restlebenszeit“ freute.

Nicht ahnend, wie sehr der nächste Moment mein Leben rabiat verändern würde, trat ich an einem schönen Morgen aus dem Eingangstor des Ashrams auf die belebte Straße und wunderte mich über den Haufen schmutziger Lumpen, der direkt neben der Fahrspur lag. Die Lumpen bewegten sich … Etwas erhob sich aus diesem dunklen, schmutzigen Berg und die großen Augen einer sterbenden alten Frau schauten mich an … Und sie schaute mir direkt ins Herz! Und das geschieht heute immer noch in Augenblicken, wenn ich Hilfe brauche.

Vorübergehende Passanten, Bekannte, Händler wunderten sich über das Entsetzen von mir, dem fremden „Greenhorn“. Das sei doch normal hier. Für mich war DAS all die früheren Jahre nicht sichtbar gewesen. Hatte ich doch bisher Elend und Armut übersehen und nur Yoga und Meditation in den verschiedenen Ashrams erlebt und genossen.

Sehr spontan und schnell beschloss etwas in mir, zu handeln. Dieses Etwas übernahm von nun an die Regie. Man könnte dieses Etwas in Ermangelung von anderen Worten das große ICH nennen, eins, das nicht mehr zagt und zweifelt, sondern genau weiß, was zu tun ist und alles in die Wege leitet, was notwendig ist. Dieses große ICH ist nicht mehr in unserem Verstand, sondern tief innen in unserem Herz beheimatet. Es ist auch nicht mehr persönlich, sondern in einem Urgrund, der alles, was ist, beinhaltet und weiß, was außen zu tun ist. Alles, was seitdem geschehen ist, ist ein Ausdruck dieser Verbindung mit diesem Namenlosen, was mich seitdem leitet und mit großem Segen unser damals begonnenes Projekt weiterentwickelt.

Um auszudrücken, dass es nicht meine Person war und ist, die diese Arbeit leistet, sondern Schicksal, Gnade, unendliche Liebe. Wenn ich weiterhin von mir spreche, dann wisse, dass es dieses große intuitive ICH ist, was alles in die Wege geleitet hat und meine kleine Person ist sehr glücklich, ihm zu dienen.

Ich fand dann sofortige Hilfe beim deutschen Shanthimalai Ashram, der von Hugo Maier und Dr. Werner vor vielen Jahren gegründet wurde und sich schon lange um die Nöte der einheimischen Bevölkerung gekümmert hatte. Ohne Zögern versicherte mir Dr. Werner, dass ich jede nötige Unterstützung für meine Pläne bekommen würde. Mr. Manoharan Mannupillai sollte mein Partner werden. Manoharan und ich entwickelten zusammen über die Jahre unser Om Shanthi Old Age Home für die alten Frauen, die in der Pilgerstadt Tiruvannamalai ausgesetzt oder anderweitig heimatlos werden.

Shanthimalai Ashram spendete das erste Gebäude, das wir mit Spendengeldern von Freunden renoviert und mit Sanitärräumen ausgestattet haben. 2012 konnten die ersten 12 Frauen bei uns einziehen. 2015 wurde das zweite Haus von Florence in USA gespendet, wo weitere 12 Frauen leben konnten. 2018 folgte das dritte Haus, gespendet von Kathy in Kanada. Herzlichen Dank von uns allen immerzu. Heute haben wir Platz für 30 Frauen, die von unseren sieben Helferinnen rund um die Uhr versorgt und betreut werden. 2021 ermöglichte der Rotary Club in Neuss den Bau einer zweiten Etage auf unsere beiden Gebäude. Diese können wir als Isolierstation in Corona Zeiten oder als Unterkunft für junge Frauen und ihre Kinder in Not nutzen.

2013 gründete ich in Deutschland den Verein Om Shanthi e.V., mit dessen Spenden das Leben im „Om Shanthi Old Age Home“ finanziert wird. Es war ursprünglich als Hospiz gedacht für alte, obdachlose Frauen. Erstaunlicherweise erholen sich alle Frauen im Haus sehr schnell. Die neugewonnene Sicherheit, die Regelmäßigkeit, das Essen und die liebevolle Zuwendung in ihrem neuen Leben stärken sie körperlich und seelisch. Sie entdecken ihren Lebenswillen wieder, und „Om Shanthi Old Age Home“ wird für sie zu einem von Freude erfüllten neuen und sicheren Zuhause. Hier erleben sie Glück, Frieden und Geborgenheit, bis sie meist friedlich einschlafen. Sie bekommen Yoga- und Gesangsunterricht. Wir singen, tanzen, malen und spielen mit vielen Besuchern, die gerne im nächsten Jahr wiederkommen.

Unsere liebevollen Bewohnerinnen berühren alle Herzen, weil sie aus ihrer vorher verzweifelten, elenden Situation bei uns in Om Shanthi langsam zu Göttinnen werden: zur Verkörperung von Dankbarkeit, Frieden und Liebe. Aber auch Göttinnen geraten manchmal in Streit über den Platz, den ihr gewaschener Sari auf der Wäscheleine braucht … Aber auch das regelt sich schnell und dann übernimmt wieder der Frieden unseren Raum.

Manoharan leitet Om Shanthi mit seinem großen Herzen und seiner ganzen Person. Er liebt jede Frau wie seine verstorbene Mutter. Er ist immer da: Er prüft, ob das Essen schmackhaft und nahrhaft ist, er ist präsent in jedem Krankheitsfall. Er kümmert sich um alles, unabhängig davon, ob es um die Stimmungen unserer Frauen oder um die nötigen Hausreparaturen geht. Sehr zur Beruhigung unserer Frauen übernimmt er die Beerdigungszeremonie, eine Aufgabe, die normalerweise dem ältesten Sohn zufällt. Da es keine Söhne oder Verwandten gibt, übernimmt Manoharan bei jedem Todesfall die erforderlichen Rituale, so dass das nächste Leben ein glückliches sein wird.

Viele Frauen, die zu Beginn oder später ins Haus kamen, sind inzwischen friedlich verstorben. Einigen, wie z.B. Gowri, konnten wir den Wunsch erfüllen, wieder in ihre Familien zurückzukehren. Diese Rückführungen erfordern oft schwierige Nachforschungen und Gespräche mit den Familien, soweit vorhanden bzw. auffindbar. Wenn ein Zusammenleben nicht möglich ist, kann die Mutter/Schwiegermutter wieder zu uns zurückkommen. Jede Ankunft und jeder Abschied einer Frau ist ein liebevolles Familienereignis in Om Shanthi.

Über die Wintermonate bin ich vor Ort und genieße die Realisierung meiner Vision, die ich spontan hatte, als die sterbende Frau vor vielen Jahren vor dem Ramana Ashram mir direkt ins Herz schaute. Ihr Blick gibt mir Kraft und Sinn wie am ersten Tag.

Es ist an der Zeit, das Elend der Frauen in Indien nicht mehr zu verschweigen. Dieses Büchlein soll ein kleines Teilchen dazu beitragen, diesen Frauen eine Stimme zu geben. Der kleinste Stein, ins Wasser geworfen, bildet Wellen, die weit reichen. Om Shanthi Old Age Home ist ein winziges Steinchen, das schon vielen gezeigt hat, was möglich ist, wenn die Zeit reif ist.

In Deutschland begegne ich häufig der Frage: „Wer sind denn die Frauen im Om Shanthi Heim? Was haben sie erlebt, bevor sie in diesem glücklichen Hafen gelandet sind?" Gemeinsam mit meiner amerikanischen Freundin Paulette haben wir im Winter 23/24 die Frauen vorsichtig befragt. Dieser Blick in die Vergangenheit war für alle sehr schmerzlich: Verzweiflung, Trauer, Tränen, aber auch ganz viel stille Akzeptanz ihres Schicksals, so wie es eben war … Alle Beteiligten im Haus durften von unseren indischen Schwestern Demut lernen.

In diesem Buch finden Sie das Ergebnis dieser Interviews. Wie war das Leben für die Frauen vor ihrer Zeit in Om Shanthi und wie sind sie in die Obdachlosigkeit geraten?

Um die kulturellen Tabus und Stigmatisierung der Witwen zu brechen und um die Arbeitschancen der Kinder unserer jungen Witwen zu verbessern, haben wir seit Anfang 2025 einen Computerklassenraum in unserem Om Shanthi Garten eingerichtet. Hier bekommen die Kinder unserer ca. 200 jungen Witwen, die wir außerhalb in den Dörfern rund um Om Shanthi Heim betreuen, kostenlos Computerunterricht, der ihnen gute berufliche Chancen nach dem Schulabschluss ermöglicht. Die Jugendlichen und unsere alten Witwen treffen sich bei Festen und informellen Gelegenheiten in unserem Garten und auf der Veranda unserer Häuser. Auch das sind kleine Steinchen, die in den alten Teichen der Tradition langsam das Bewusstsein verändern …!

Unser Heim wird von vielen getragen: vom Shanthimalai Ashram in Tiruvannamalai, von unseren vielen weltweiten Spenderinnen und Spendern, von unseren lieben Betreuerinnen und Manoharan, und nicht zuletzt von unserem heiligen Berg Arunachala. Durch Ramana Maharshi, den großen Weisen Indiens der Neuzeit, der in Arunachala seinen Lehrer und seine Heimat fand, wurde auch uns westlichen Suchern unsere tiefste gemeinsame Essenz bewußt, die universelle Liebe ist und die nichts und niemanden ausschließt.

Jetzt ist die Zeit reif dafür, dass sich das Bewusstsein der Menschen ändert. Dass dies nicht nur Theorie ist, spürt jeder Besucher unseres Heims.

Herzlichen Dank an alle, die dazu beigetragen haben und es immer noch tun!

Ein Tag im Om Shanthi Old Age Home

Der Tag in Indien und in unserem Heim beginnt noch vor Sonnenaufgang um 5.00 Uhr mit dem Geräusch des kehrenden Besens vor dem Haus und im Garten. Jeden Morgen wird die Erde sorgfältig gefegt und anschließend mit Wasser besprenkelt. Dieses indische Morgenritual wird von allen Hausfrauen zelebriert und so auch bei uns in Om Shanthi. Zum Aufwachen gibt es dann für unsere Witwen süßen Tee mit Milch, der von unseren Betreuerinnen inzwischen zubereitet wurde.

In jedem unserer drei Häuser gibt es einen großen Schlafraum mit jeweils 10 Betten, zwei Badezimmern und zwei Toiletten. Die ersten Frauen nehmen gemütlich ihr Bad, d.h. sie waschen sich gründlich mit Seife und warmem Wasser, das in einen Eimer fließt, von dort geschöpft und dann über den Körper geschüttet wird. Dies ist immer noch die bewährte, uralte Methode, die der Dusche vorgezogen wird. Frauen im 3. Haus, die ihrem Lebensende nahe sind, bekommen beim Waschen und Toilettengang Hilfe von einer Betreuerin, alle anderen Frauen erledigen ihre tägliche Badezeremonie selbst.

Um 6.00 Uhr beginnt Jyoti in der Morgendämmerung ihre tägliche Arbeit: Sie richtet das kleine Ganesha-Tempelchen im Garten für die morgendliche Puja (Gottesdienst) her und führt auch anschließend die Zeremonie durch. Das tut sie gerne. Nur wenn sie sich schwach fühlt, lässt sie sich von einer Freundin diese selbstgewählte Aufgabe abnehmen. Einige Frauen helfen ihr dabei. Der Altar muss jeden Morgen gesäubert werden. Auch die Statue von Ganesha, dem Elefantengott, wird jeden Morgen frisch gebadet und neu eingekleidet. Um 7.30 finden sich einige Frauen, frisch gebadet und frisiert, vor dem kleinen Ganesha-Tempelchen im Garten ein. Die anderen Frauen sind noch mit Aufwachen und Baden beschäftigt. Die Sonne ist inzwischen aufgegangen und blitzt durch die Zweige der hohen Bäume. Auch draußen auf der Straße hat inzwischen das Leben begonnen: Schulbusse sammeln die Dorfschüler ein, Kühe muhen, Mofas knattern … Die kleine Puja mit Mantra-Gesängen, dem heiligen Feuer und dem Segen mit geweihter Asche auf unsere Stirn ist Ganesha, Surya (dem Sonnengott) und natürlich Arunachala, unserem heiligen Berg gewidmet. Am Ende der Zeremonie gibt es Prasad, eine gesegnete Süßigkeit für jede. Anschließend warten alle gemeinsam auf das Frühstück, das vor ihnen an schmalen Tischen auf der Veranda ausgeteilt wird. Meist gibt es Idlis (Reisküchlein) mit verschiedenen Chutneys (Saucen), Chapatis (in der Pfanne gebackenes Brot), Dosas (Pfannkuchen aus Reismehl) oder auch Breie aus neueren Getreidesorten wie Ragi oder Millet (Hirse), die sehr gerne gegessen werden. Das Essgeschirr wird anschließend von jeder Frau wieder selbst gespült und für die nächste Mahlzeit in ihrer persönlichen Kiste unter dem Bett verstaut.

Nach dem Frühstück ist Schichtwechsel. Die drei Betreuerinnen der Nacht haben den Tag über frei und kommen erst um 17.00 Uhr zum Nachtdienst wieder zurück. Dieser Dienst wird jede Woche gewechselt.

Der Vormittag verläuft sehr friedlich. Einige Frauen brauchen länger für ihr morgendliches Bad und besonders für ihre Frisur. Lange Haare werden in der milden Morgensonne sorgfältig gebürstet und gekämmt, Nägel geschnitten, schmerzende Körperteile massiert. Einige Frauen genießen einfach die morgendliche Wärme oder bereiten die Wäsche vor: Jeder Sari wird jeden Tag am Steintrog im Garten gewaschen. Dies ist hier im Heim traditionelle Ehrensache für jede Frau. Nur im hohen Alter oder im Krankheitsfall lassen die Frauen zu, dass eine liebe Freundin die Handwäsche der Saris am Waschtrog oder unsere Waschmaschine dies übernimmt. Obwohl es genügend Trockenleinen gibt, ist das Aufhängen der sieben Meter langen Saris der einzige Augenblick, an dem sich manchmal Unstimmigkeiten ereignen können. Nach kurzer Zeit ist aber auch dieses kleine Problem geregelt.

Einige Frauen können lesen. Sie lesen die Tageszeitung oder

religiöse Heftchen. Die meisten Frauen erfreuen sich am morgendlichen Mandala-Ausmalen. Die Ergebnisse dieser meditativen Tätigkeit können sich inzwischen sehen lassen. Die kleinen bunten Kunstwerke werden immer prachtvoller und sind ein liebes Geschenk für unsere vielen Besucher/innen, die in der Saison nachmittags mit uns tanzen und singen. Das Geräusch der nassen Saris, die währenddessen auf dem Waschtrog ausgeschlagen werden, stört die friedliche Morgenstimmung nicht. Wer möchte, hilft beim Gemüseschneiden für das Mittagessen oder fegt den Garten, damit die unaufhörlich fallenden Blätter kein Versteck für Schlangen oder Brutstätten für Moskitos sind.

Alle Hilfsarbeiten sind freiwillig. Einige Frauen tun entspannt gar nichts, sondern schauen dem Treiben im Garten zu: Es gibt Hunde und Katzen, die sich balgen oder schlafen, Raben, die immer etwas zu picken finden. Ab und zu fällt eine Affenbande mit lautem Gekrächze über Om Shanthi her und turnt durch die Äste der Bäume und über die Veranda. Die Bewegungen der possierlichen kleinen Äffchen sind niedlich anzuschauen. Solange die Affenfamilien den Abstand zur Küche und den Schlafräumen wahren, werden sie geduldet. Sonst werden sie gemeinsam mit lauten Rufen, hektischen Bewegungen oder einer bereitliegenden Steinschleuder verjagt. Es ist eigentlich immer etwas los am Vormittag: Handwerker reparieren oder bauen etwas, medizinische Untersuchungen (Blutdruck und Blutzucker) finden statt oder amtliche Überprüfungen vom Gesundheitsamt.

Unsere drei Betreuerinnen während des Tages sind in keinem Augenblick in Hektik oder Stress, sondern liebevoll und entspannt immer zu Späßen, kleinen Unterhaltungen oder Hilfestellungen bereit. Eine putzt und zwei andere bereiten das Mittagessen zu. Um 9.00 Uhr beginnt der Dienst von Kodimali, unserer Heimleiterin. Ihr obliegen die vielen bürokratischen Tätigkeiten, die Aufsicht über Haus, Küche, Garten und die Gesundheit der Frauen. Einmal im Monat werden alle Frauen im örtlichen Krankenhaus durchgecheckt und ihre Medikamente überprüft und angeglichen. Das ist Stress für Kodimali, denn 30 Frauen müssen mit Rikshas ins Krankenhaus transportiert, dort untersucht und mit Medikamenten versorgt werden.

11 Frauen haben Diabetes, können aber noch medikamentös behandelt werden. 15 Frauen haben erhöhten Blutdruck. Alle anderen erhalten Nahrungsergänzungsmittel, vorzugsweise verschiedene Vitaminpräparate. In der heißen Jahreszeit sind alle Frauen überraschend gesund. Im Winter, bei Temperaturen von 18 bis 27 Grad leiden sie trotz Mützen, Wolljacken und warmen Bettdecken oft unter Erkältungen mit Husten und Halsschmerzen.

Um 12.30 gibt es Mittagessen. Es ähnelt dem Nachtessen um 19.00 Uhr, ist meistens vegetarisch und besteht aus Reis, verschiedenen Getreidesorten in vielerlei Formen, viel Gemüse, wenig Kartoffeln, ab und zu einem gekochten Ei, Linsen, Kichererbsen, Joghurt, Buttermilch und vielen verschiedenen Chutneys, die den Geschmack variieren. Einmal in der Woche gibt es auf Anweisung des indischen Gesundheitsamts Fleisch in Form von Lamm, Hühnchen oder Fisch. Alle Frauen haben einen guten Appetit und lieben das Essen. Auch neue Frauen werden mit liebevoller Behandlung und gutem Essen schnell heimisch. Manoharan hat den Essensplan ausgearbeitet und wacht sorgfältig über die Qualität des Essens. Er kommt überraschend vorbei und probiert selbst. Meistens ist er zufrieden.

Nach dem Essen während der Mittagshitze versinkt Om Shanthi Old Age Home zwei Stunden lang in eine Art stillen Dornröschenschlaf. Menschen und Tiere halten Siesta. Um 15.00 Uhr gibt es zum Aufwachen wieder Tee, Buttermilch, Kekse, Erdnüsse oder Früchte. Es geschieht öfter, dass indische Familien in unserem Heim Geburtstag oder andere Feste feiern, indem sie unseren Frauen Kekse, kleine Kuchen oder Früchte bringen und ihren Segen erbitten. Die Sitte, den Armen Gutes zu tun, verheißt dem Wohltäter Glück für die Zukunft. Wir freuen uns, dass unser Heim auf diese Weise Teil der Gesellschaft geworden ist.

Nach dem Tee findet unser „Fitnessprogramm" statt. Bewegung ist dringend nötig und für unsere alten Frauen, die bisher mit schmerzenden Gelenken bewegungslos auf der Straße verharrt und den Tod erwartet haben, anfangs neu. Die Frauen, die noch laufen können, machen einen Spaziergang zu einem kleinen Tempelchen in der Nähe. Bei großer Hitze endet dieses „Fitnessprogramm" jedoch schon bei der nächsten Nachbarin unter deren schattigem Baum. Bei Beginn unserer Arbeit im Jahr 2012 war es undenkbar, dass Dorffrauen unsere Witwen in ihrem Haus empfangen hätten! Die Vorurteile und der Aberglaube gegen unsere fremden „Witwen-Hexen", die angeblich Unglück über alle bringen würden, sind nun in unserem Dorf glücklicherweise verschwunden. Der Grund mag auch sein, dass viele Menschen im Dorf von unserem Heim materiell profitieren durch verschiedene Dienstleistungen, Bau- und Handwerkerarbeiten und Einkäufe in den kleinen Geschäften rings um unser Heim.

Die Frauen, die nur mit Mühe laufen können, gehen währenddessen auf der betonierten Fläche im Garten am Geländer, solange sie können und möchten, auf und ab. Unser Home-Trainer-Fahrrad auf der Veranda ist nicht beliebt – wahrscheinlich zu technisch! Anschließend spielen wir Ball. Wer hätte gedacht, dass Ballspiel so viel Spaß und so wach macht. Es gibt viele Bälle, weiche, härtere, ganz harte, kleine, große, riesengroße, farbige, stachelige, die in den verschiedenen Gruppen der Frauen, sitzend oder stehend unter viel Gelächter einander zugeworfen, aufgefangen oder fallen gelassen werden! Keine muss hier mitmachen. Auch Zugucken ist schön und macht Freude!

So um 16.30 versammeln sich die Frauen auf der Veranda des 2. Hauses zum Singen. Parameshwari singt eine Zeile eines spirituellen Mantras vor und alle wiederholen. Das ist gesungene wunderschöne Meditation und erst möglich, seit wir eine wunderbare Gesangslehrerin haben, die einmal jede Woche unsere Frauen unterrichtet. Vorher wussten unsere Frauen anscheinend nicht, wie man singt … Es passierte einfach nicht! Sie waren stumm … Auch diese Teilnahme ist freiwillig. Es dauert immer eine Weile bis

Frauen, die wir gerade von der Straße geholt haben, mitmachen. Aber dann sind sie ganz selbstverständlich dabei!

Anschließend beginnt der „Spielenachmittag". „Mensch ärgere dich nicht" war das erste Spiel, das Anna nach Indien importiert hat. Die Einführung der Kartenspiele traf auf massiven Widerstand der Frauen. Karten spielen in Indien anscheinend nur Männer, die nicht arbeiten, Alkohol trinken und um Geld spielen, was den Familien dann gefehlt hat. Damit wollten unsere Frauen nichts zu tun haben. Es hat eine Weile gedauert, bis Anna sie davon überzeugen konnte, dass in Deutschland auch Kinder mit ihren Eltern zuhause diese Kartenspiele einfach aus Freude gemeinsam spielen. Heute ist „Elfer raus" der Favorit, gefolgt von „Mau Mau" und „Uno". Verschiedene „Domino"- und „Memory"-Spiele sind der Anfang für neue Frauen, die noch nie gespielt haben. Auch „Fang den Hut" oder „Mikado" sind beliebt. Es ist beglückend zu sehen, wie auch im Alter sich noch kognitive Fähigkeiten und Freude spielend entwickeln können bei Frauen, die nie in ihrem Leben Zeit zum Spielen hatten.

In der Saison von Dezember bis Anfang März, wenn spirituelle Besucher Tiruvannamalai überschwemmen, gibt es einige Reisegruppen, die inzwischen von unserem Om Shanthi Heim gehört haben. Sie lieben die Nähe, die sich beim Tanzen und Singen mit unseren Frauen ergibt und spüren die Liebe und Dankbarkeit, die so reichlich in unserem Heim vorhanden sind. Sie kommen jedes Jahr wieder und haben oft in ihrem eigenen Land während des vergangenen Jahres Spenden für unsere Witwen gesammelt. Liebe ist ansteckend und spürbar und wir haben viel davon … Danke Euch allen! Einige wenige Frauen, die Stille bevorzugen, bleiben während der Tanz- und Musikveranstaltungen im 3. Haus.

Um ca. 18.00 Uhr ist „die Luft raus". Jede Frau wendet sich wieder dem eigenen Bett, der Stille oder einem Pläuschchen mit der Freundin im Garten zu. Das Bedürfnis nach Gemeinsamkeit ist erst einmal gestillt.

Um 19.00 Uhr gibt es Abendessen. Manoharan kommt und hat

für jede Frau ein liebes Wort. Für besondere Fälle und Sorgen hat er immer ganz besonders viel Zeit. Dies ist keine Pflichtübung für Manoharan, sondern ein natürlicher Akt der Liebe und Zuwendung, die er für alle unsere Frauen empfindet. Danach macht es sich jede Frau in ihrem Bett bequem. Es gibt in jedem Haus einen Fernseher, wo um diese Zeit dramatische Familienserien gesendet werden, die von allen Frauen sehr interessiert verfolgt werden, bis der Schlaf sie übermannt. Eine nach der anderen sinkt in tiefen Schlaf …

Auch unsere drei Betreuerinnen, die Nachtdienst haben, schlafen vor jedem Haus auf der Veranda. Sehr selten werden sie durch einen Notfall geweckt. Meist schlafen alle Frauen tief und fest. Im außergewöhnlichen Fall ist Manoharan, der im Nachbardorf wohnt, sofort nach Anruf mitten in der Nacht zur Stelle, um die Frauen ins Krankenhaus zu bringen. Dies passiert zum Glück sehr selten, so dass alle Frauen friedlich schlafen, bis ein neuer Tag beginnt.

Wir müssen uns als Mitglieder
derselben menschlichen Familie
auf diesem kleinen Planeten begreifen.
Wenn wir in der Lage sind,
dies aufrichtig und weltweit zu tun,
dann gibt es Hoffnung
auf einen dauerhaften Frieden
auf Erden.

Tendzin Gyatsho, 14. Dalai Lama

Manoharan Manupillai

Manoharan Manupillai ist 61 Jahre alt.
Er leitet von Anfang an unser Om Shanthi Heim.

Manoharan lebt mit seiner Familie im Nachbardorf von Om Shanthi Old Age Home und ist Tag und Nacht bereit, sei es bei Krankheit oder Krise für unsere Witwen da zu sein und die notwendigen Hilfsmaßnahmen zu treffen. Er ist der Motor und die Seele von Om Shanthi Old Age Home. Außerdem betreut er unsere ca. 200 jungen Witwen und ihre Kinder, die in den vielen kleinen Dörfern rund um Tiruvannamalai wohnen.

Er selbst wurde in eine Bauernfamilie hineingeboren. Noch heute wohnt er mit seiner Frau und zwei Töchtern in seinem Elternhaus und bewirtschaftet zwei Hektar Reisfelder, die seit Generationen im Besitz seiner Familie sind. Er ist tief verbunden mit dem Land und seinen Menschen. Besonders mit denen, die sich aufgrund ihrer Situation in einer scheinbar aussichtslosen Lage befinden: alte Frauen ohne Familien und junge Witwen mit ihren Kindern. Er kennt sie alle und weiß, wann und wo Hilfe dringend nötig und wirksam ist.

Außer der Leitung des Om Shanthi Heims ist Manoharan Geschäftsführer von Premalaya Handicrafts, einem Fair Trade Unternehmen, das 105 jungen, bedürftigen Frauen die Möglichkeit bietet, sich in traditionellen Handarbeitstechniken ausbilden zu lassen. Die Frauen haben geregelte Arbeitszeiten, faire Löhne, medizinische Versorgung und soziale Hilfe in allen möglichen Situationen. Die meisten dieser jungen Frauen sind verwitwet, verlassen oder leben in dysfunktionalen kleinen Familien. Sie bekommen Hilfe bei der Renovierung (oft ein Neubau) ihrer unbewohnbaren Hütten, der Ausbildung ihrer Kinder und medizinischen Behandlung im Krankheitsfall.

Die örtliche Polizei, Krankenhäuser und Dorfälteste wenden sich an Manoharan, wenn Frauen Hilfe benötigen.

Sein Herzensprojekt ist die Interaktion mit den Witwen und der Förderung ihrer Teilhabe an der Gemeinschaft, um den Schaden zu beheben, der durch die jahrhundertelange Ausgrenzung und Misshandlung entstanden ist.

Wenn sich eine alte Frau in unserem Heim dem Ende ihres Lebens nähert, dann drücken sie oft Manoharan ihren Dank aus für die glücklichste Zeit ihres Lebens, die sie in Om Shanthi verbracht haben. „Sterben ist bei uns meist friedlich. Keine stirbt alleine und ungeliebt!“ (Manoharan)

Gefragt nach seinem größten Wunsch sagt er: „Im Alter sollen Menschen glücklich, ohne betteln zu müssen, leben können. Frauen und Mädchen sollen chancengleich Bildung erhalten und respektiert werden, so dass ihr Selbstvertrauen gestärkt wird und sie kompetent und selbstverantwortlich ihre Fähigkeiten entwickeln können!“

Sein Wunsch, ein Klassenzimmer im Garten unseres Om

Shanthi Hauses zu bauen, wo junge Mädchen (Jungens sind nicht ausgeschlossen) gründliche Computerkenntnisse erwerben können, ist sehr erfolgreich realisiert worden. Ab Januar 2025 gibt es in Om Shanthi Computerunterricht für täglich ca. 40 Schüler/innen nach der Schule am späten Nachmittag und frühen Abend. Durch den Kontakt mit unseren Frauen werden gleichzeitig auch alte, abergläubische Vorurteile zwischen Jugendlichen und Witwen überwunden …

Manoharans Visionen, seine Lebenserfahrung mit den Menschen auf dem Land, seine Beharrlichkeit, seine Ehrlichkeit und Liebe zu den Menschen sind ein Geschenk für unsere Frauen in Om Shanthi Old Age Home, für die jungen Witwen mit ihren Kindern in ca. 50 Dörfern im Umkreis um Tiruvannamalai und auch für alle, die mit ihm arbeiten!

Kodimali

Kodimali, 49 Jahre alt, ist unsere sehr geschätzte Heimleiterin von Om Shanthi von Anfang an (2012)

Kodimali ist nicht nur unsere Heimleiterin, sondern betreut auch unsere ca. 200 jungen Witwen und ihre Kinder auf dem Land rings um Tiruvannamalai. Sie liebt ihre Arbeit und wir sind uns sehr bewusst, welch großes Glück es ist, dass sie sich all diesen Aufgaben mit Hingabe widmet.

Kodimali ist eine starke, stolze, unabhängige Frau mit einer guten Ausbildung. Sie hat ein Bachelor Degree in Erziehung und arbeitete 10 Jahr lang für den Shanthimalai Trust. Zu ihren Aufgaben gehörten damals Schulungen für einkommensfördernde Programme auf College Ebene und gemeinschaftliche Selbsthilfeprojekte in den Dörfern bevor sie 2012 die Leitung unseres Om

Shanthi Heims übernahm.

Sie lebt in einem eigenen Haus in Tiruvannamalai und ist sehr stolz auf ihre Unabhängigkeit. Sie sagt, sie hätte nie den Wunsch gehabt zu heiraten. Ihrer Meinung nach sind Frauen das stärkere Geschlecht, werden aber im Allgemeinen von ihren Männern nicht gut behandelt.

Ihre ältere Schwester, mit der sie zusammenlebte, ist leider vor kurzem gestorben.

Sie unterstützt ihre jüngere Schwester und deren drei Kinder im Alter von 16 bis 21 Jahren finanziell und ist somit gut in ihre eigene Familie eingebunden.

Sie kümmert sich auch um unsere Frauen im Om Shanthi Heim wie um ihre eigene Familie. Sie ist energisch, aber auch liebevoll und einfühlsam.

Wir sind sehr dankbar für ihr tatkräftiges Dasein und ihre Zuverlässigkeit!

Ihren größten Wunsch, eine Tafel Schokolade zu bekommen, können wir ihr leicht und gerne erfüllen.

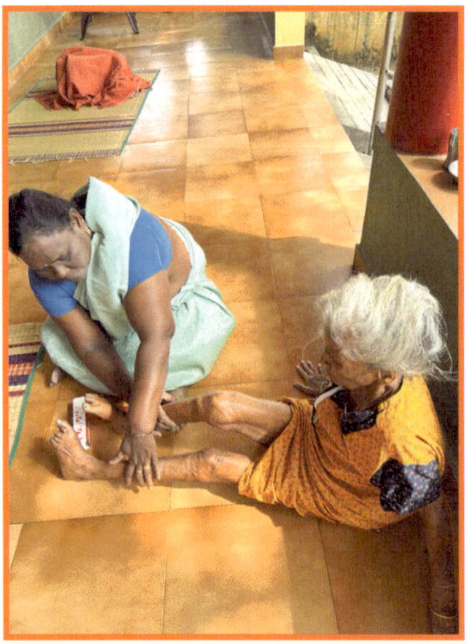

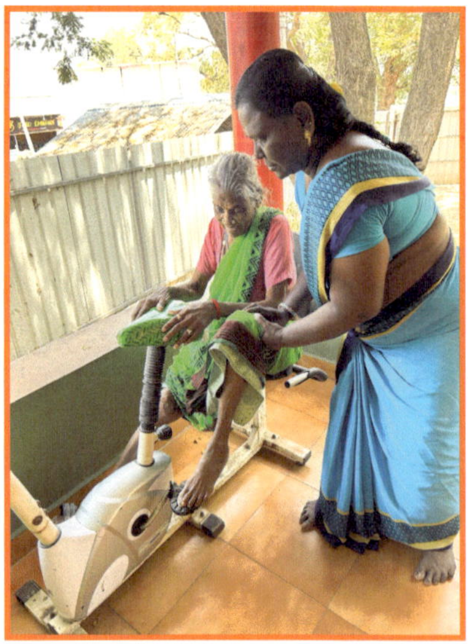

Azhagammal

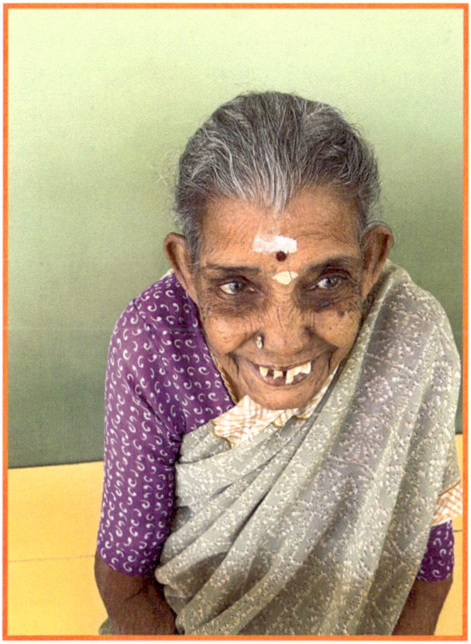

Azhagammal, 83 Jahre alt,
bei uns seit Juni 2022

Azhagammal ist eine winzig kleine Person. Sie geht gebückt und wird jedes Jahr kleiner. Ihr liebes Lächeln ist ansteckend. Ihre Augen strahlen und wenn sie lächelt zeigt sie ihre „ungezähmten“ Zähne.

Ihr Mann arbeitete in einer Kokosölfabrik. Nach zehn Jahren Ehe bekam er hohes Fieber und starb drei Tage später. Azhagammal konnte sich und ihre kleine Tochter anschließend sehr bescheiden mit Feldarbeit über Wasser halten.

Ihre Tochter konnte einen wohlhabenden Fabrik- und Geschäftsinhaber heiraten, obwohl sie keine Mitgift hatte. In dieser

Ehe wurden fünf Kinder geboren. Die vier Mädchen sind alle schon verheiratet, der Sohn dagegen ist noch ledig. Ich hätte angenommen, dass die Tochter nach der Heirat ihre Mutter zu sich nehmen würde, aber das Gegenteil geschah. Die nun wohlsituierte Tochter schämte sich wegen ihrer armen Mutter und verbot ihr jeden Besuch in ihrem Haus. Azhagammal lebte und arbeitete weiter auf dem Feld in ihrem Dorf, bis ihre Tochter vor ca. 2 Jahren das Haus ihrer Mutter und das kleine Stück Land für sich beanspruchte und Azhagammal ihr Haus verlassen musste.

Damit war Azhagammal obdachlos und fand einen Schlafplatz in der Ecke eines Tempels hier in Tiruvannamalai. Eine ihrer Enkeltöchter hatte Mitleid mit ihr und bat einen Sadhu, der auch im Tempel wohnte, sich doch bitte um ihre Großmutter zu kümmern. Dieser stellte den Kontakt zu uns her und seit Juni 2022 lebt Azhagammal glücklich bei uns.

Ihre Familie weiß, dass sie hier ist, aber noch nie hat sie jemand besucht.

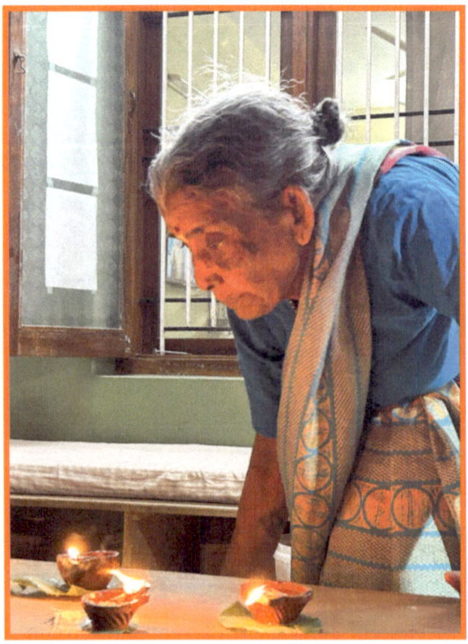

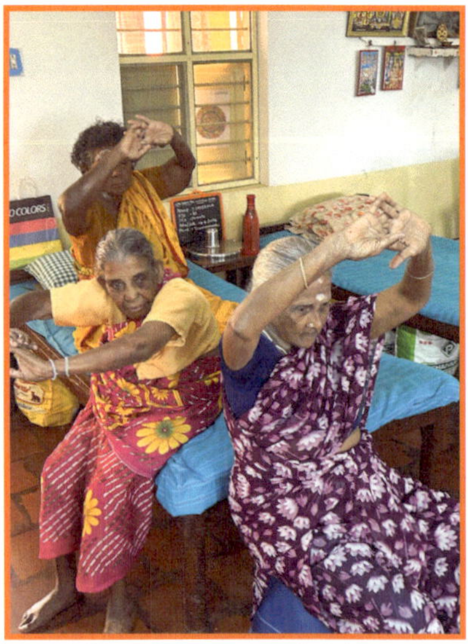

Jyothi

Jyothi, 82 Jahre alt,
seit 2016 bei uns

Als Jyoti 12 Jahre alt war, wurde sie mit dem 10 Jahre älteren Kasi verheiratet. Er arbeitete als Wachmann in einer Fabrik. Zu jener Zeit betrug sein Gehalt 80 Rupies, die Miete betrug 25 Rupies und 1 Kilo Reis war für 1 Rupie zu haben. Er war nach Aussage von Jyothi ein guter Mann, starb aber leider zu früh mit 42 Jahren an einem Asthmaanfall. Ihr gemeinsamer Sohn Ravi erbte diese Krankheit und starb auch mit 40 Jahren an Asthma. Er hinterlässt zwei Töchter, zu denen Jyothi aber keinen Kontakt hat.

In den folgenden 20 Jahren betrieb sie eine kleine Garküche vor ihrem Haus. Sie kochte und verkaufte Idlis mit verschiedenen Saucen. Idlis sind kleine Reisküchlein, die von Indern vor allem im Süden des Landes zu allen Tageszeiten gerne gegessen werden.

Anschließend wurde Jyothi Haushälterin in einer kleinen indischen Familie, bestehend aus Mutter und Tochter. Sie erledigte alle Arbeiten, die anfielen, und bekam dafür 3000 Rupien Gehalt bei freier Kost und Logis. Sie war damit sehr zufrieden. Nach 5 Jahren fühlte sie sich zu alt und schwach um weiterhin zu arbeiten und verließ diese Familie.

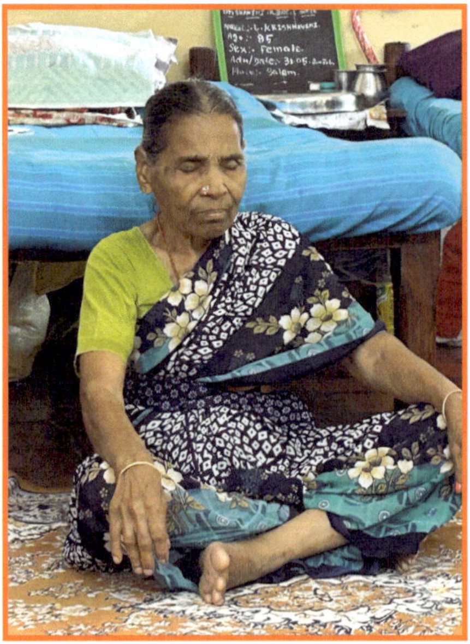

Sie kam nach Tiruvannamalai und blieb im großen Tempel. Das heißt, sie schlief in einer Ecke des Tempels und wurde von den Pilgern, die den Tempel besuchten, manchmal mit Essen versorgt. Ein Sadhu kannte unser Om Shanthi Heim und stellte den Kontakt zu unserer Heimleiterin Kodimali her.

Vor ca. 3 Monaten hatte Jyothi mitten in der Nacht einen Herzinfarkt. Manoharan brachte sie ins Rangamal-Krankenhaus, wo sie intensivmedizinisch sofort behandelt wurde. Nach 4 Tagen wurde sie entlassen und wird jetzt mit entsprechenden Medikamenten so behandelt, dass sie sich wohlfühlt. Wieder ist ihr ein neuer Lebensabschnitt geschenkt worden!

Jyothi leitet jeden Morgen als Priesterin unsere kleine Puja vor dem Ganesha-Tempelchen im Garten. Dazu gehören auch die entsprechenden Vorbereitungen, die vor Sonnenaufgang erledigt werden müssen wie: Die Statue des Elefantengottes Ganesha zu baden und neu einzukleiden, alle Utensilien der Zeremonie zu reinigen und zu polieren und alle benötigten Zutaten wie Kampfer, frische Blumen, Wasser und Asche bereit zu halten für den kleinen morgendlichen Gottesdienst um 7.20 Uhr, an dem die meisten Frauen teilnehmen, auch Mary, die Christin ist.

Bei Interesse ist diese Zeremonie in unserem Film: „Die Kommune der Tamil-Witwen" in Youtube zu sehen.

Ihr größter Wunsch ist: eine Banane.

Saratha

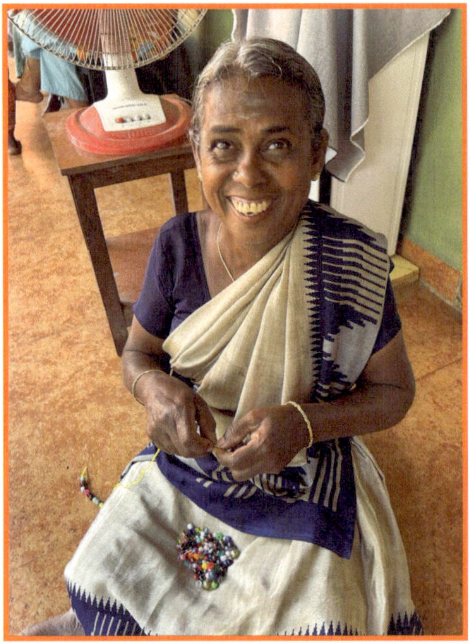

Saratha, ca. 50 Jahre alt, Betreuerin seit 2012

Saratha ist von Anfang an, also seit 2012, bei uns. Sie ist Waise und schon sehr früh Witwe geworden. Jahreszahlen existieren für Saratha nicht. Nur das Alter ihrer Kinder zählt für sie.

Ihr Mann Balu war Farmer. Er starb sehr überraschend ohne Anzeichen einer Krankheit. Saratha sagt, er sei an mentalem Stress gestorben. Vielleicht hat er selbst den Tod gewählt, weil das Leben für ihn untragbar war. Saratha sagt darüber nur: „Er machte sich große Sorgen um seine Schwester, die in dieser Zeit Witwe wurde. Dies machte ihm so großen Kummer, dass er plötzlich starb."

Ein Jahr vorher hatte die kleine Familie auch große Trauer erlebt: Der kleine 7-jährige Sohn war im Garten beim Spielen von einer Giftschlange gebissen worden und verstorben. Ihre Tochter hatte mit 4 Jahren Typhus. Heute ist sie 34 Jahre alt, verheiratet und hat zwei Kinder, ein 17-jähriges Mädchen und einen 15-jährigen Sohn.

Von der Familie ihres Mannes hat Saratha keine Unterstützung bekommen.

Die ersten 2 Monate ihrer Ehe seien gut gewesen, danach habe aber keiner mehr mit ihr gesprochen.

Daraufhin hat sie 4 Jahre im Haus ihres Bruders gelebt. Zwischendurch hat sie immer mal wieder einen Versuch gemacht im Haus ihres Mannes zu leben, aber es hat sich nichts geändert. Sie fühlte sich nie angenommen.

Saratha hatte Geld für ein kleines Häuschen zusammengespart auf das sie sehr stolz ist. Sie hat Angst, dass sie es eines Tages hergeben muss, weil es auf Regierungsland steht. Manoharan sagt, dass die Regierung das Land offiziell an die Bewohner des Dorfes übergeben hat. Er muss es wissen, denn er war früher „Dorfchef“. Also muss sich Saratha keine Sorgen machen.

In seiner Eigenschaft als ehemaliger Präsident des Dorfes wusste Manoharan auch über die Situation der Witwen Bescheid. So wusste er, dass Saratha als Witwe besondere Unterstützung benötigte und wir eine tüchtige Betreuerin in unserem Heim. So wird seit 2012 sowohl Saratha als auch unserm Om Shanthi Heim geholfen. Gemeinsam mit einer anderen Betreuerin, entweder Sumathi, Malethi oder Rani kocht Saratha drei Mahlzeiten am Tag und kauft frisches Gemüse im kleinen Dorfladen nebenan. Außerdem braucht immer jemand besondere Aufmerksamkeit, obwohl die meisten unserer Frauen sehr selbständig sind.

Saratha ist sehr glücklich mit ihrer Arbeit bei uns. Ihr größter Wunsch: Sie möchte, dass ihre 17-jährige Enkelin einen guten Mann heiraten kann.

Eswari

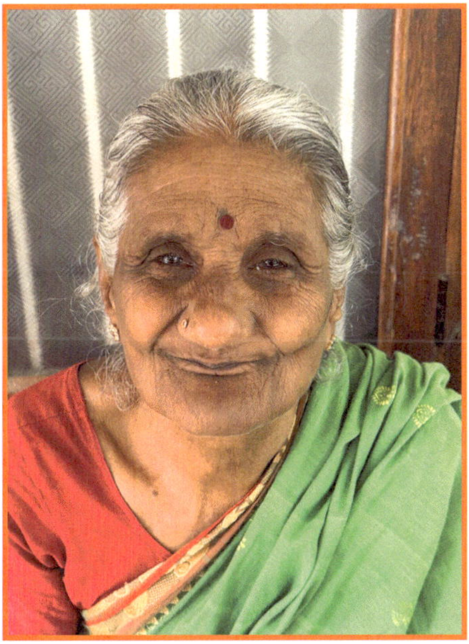

Eswari, 80 Jahre alt,
und seit 2016 bei uns in Om Shanthi

Eswari ist eine Frau, die fast nicht auffällt. Sie ist ruhig, freundlich und bewegt sich leise im Hintergrund. Sie beteiligt sich nicht unbedingt an den Spielen der anderen. Nur sportliche Aktivitäten wie Ballspielen, Yoga, Qi Gong macht sie gerne mit. Auf die Frage, ob sie eine besondere Freundin hier bei uns hat, antwortet sie: „Ja, alle!“ Und das ist tatsächlich so. Sie ist bei allen beliebt.

Bei ihrer arrangierten Eheschließung war sie 14, ihr Mann 20 Jahre alt. Es war ihr bald klar, dass er trinkt und gewalttätig ist. Seine Familie, bei der sie lebte, war jedoch sehr freundlich zu ihr und unterstützte sie in jeder Beziehung.

Aus der Ehe gingen zwei Kinder hervor, ein Junge und ein Mädchen. Ihr Sohn und ihr Schwiegersohn sind beide in der Stoffbranche beschäftigt, d.h. sie kaufen Textilien im Großhandel ein und verkaufen sie auch ohne Geschäftsraum einfach auf der Straße oder vom Fahrrad aus.

Ihre Tochter arbeitet in einer kleinen Kokosölfabrik.

Eswari hat 7 Enkelkinder. Ein Enkelsohn ist vor 10 Jahren auf besonders tragische Weise ums Leben gekommen. Auf einer Zugfahrt hat er den Kopf zu weit aus dem Fenster gesteckt und ist gegen einen Pfosten geprallt.

Ihr Mann verließ sie, als er 60 Jahre alt war. Sie hat ihn nie wiedergesehen und war sehr glücklich über ihre plötzliche, unverhoffte Freiheit. Von nun an kochte sie Idlis (kleine Reisküchlein, die in Indien zu jeder Tageszeit mit scharfer Sauce gegessen werden) und verkaufte sie auf der Straße.

Sie lebte bei ihrer Tochter, die sie damals brauchte, weil ihre Kinder noch klein waren. Dann wurde Eswari plötzlich krank. Ihre linke Körperseite schien gelähmt zu sein. Sie wurde intensiv

im Krankenhaus behandelt und die Lähmung ließ nach, bzw. wurde schwächer. Heute spürt sie immer noch Auswirkungen, kann aber damit leben, d.h. sie ist nicht behindert.

Damals aber spürte sie deutlich, dass sie im Haushalt ihrer Tochter nicht mehr leben konnte. Es gab ständig Streit wegen ihrer Anwesenheit. Man wollte sie nicht mehr im Haus haben, da sie nichts mehr zum Einkommen beitragen konnte und mit ihrer Krankheit auch Kosten verursachte. Sie verließ von selbst das Haus. Erst in letzter Zeit bekommt sie hin und wieder Besuch von ihrer Tochter.

Es ist ihr Wunsch bald sterben zu können. Sie sagt, dass sie sehr glücklich bei uns ist, aber ihr Leben gelebt hat. Sie hat alles erledigt, was zu tun war, das sei jetzt genug! Sie akzeptiert aber auch, dass es noch etwas dauern kann, bis es so weit ist.

Gowri

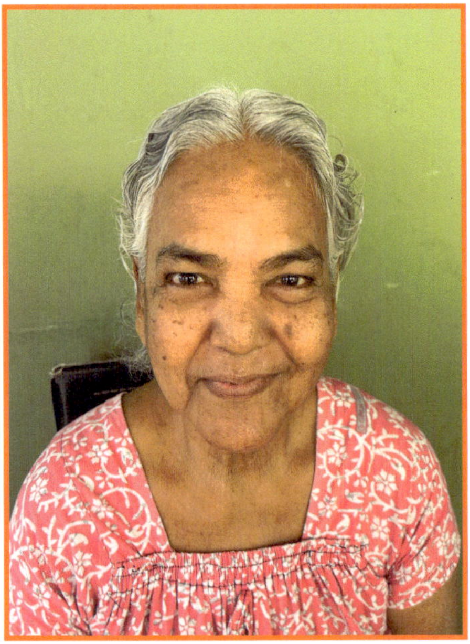

Gowri, 76 Jahre alt, seit April 2023 in Om Shanthi und seit September 2023 wieder bei ihrer Familie.

Gowri spricht gut Englisch und ist sehr kontaktfreudig und aufgeschlossen. Sie hat eine gute Schulbildung genossen. Nach der zehnten Klasse besuchte sie ein Jahr das College und unterrichtete dann die Schüler der Government Schule der ersten bis fünften Klasse.

1974 heiratete sie einen Rikschafahrer und blieb als Hausfrau daheim. Ihre Ehe blieb kinderlos. 2016 starb ihr Mann und sie blieb im Haus ihres Bruders Mohan in Chennai wohnen, zusammen mit mehreren Neffen und Nichten.

Sie berichtet folgendes: „Im April 2023 machte ich eine Pilgerreise nach Tiruvannamalai. Bei der Ankunft auf dem Bahnhof in

Tiruvannamalai wurde mein gesamtes Gepäck mit allen Papieren, Ausweisen und Geld gestohlen. Die Polizei konnte mir nicht helfen. Ich war sehr verzweifelt und fühlte mich sehr alleine. Vier Tage lebte ich im Tempel und musste betteln. Es war schrecklich."

Als wir sie im Tempel finden, kann sie sich nicht genau an ihre Anschrift in Chennai erinnern. Nur der Stadtteil und die Straße sind ungefähr noch präsent, nicht aber die Hausnummer. Wir sind erschüttert und wollen ihr gerne helfen, ihre Familie wiederzufinden, auf welche Weise auch immer.

Am nächsten Tag stellt sich die Situation ganz anders dar. Manoharan berichtet, dass sie von ihrem Bruder vor dem Tempel ausgesetzt wurde. Passanten konnten dies bezeugen. Und auch Gowri bestätigt uns am nächsten Tag diese Tatsache und korrigiert ihre vorherige Geschichte mit den Worten: „Ich kann und will nicht in das Haus meines Bruders zurück und bin sehr glücklich, dass ich hier im Om Shanthi Haus leben darf."

Sie hatte sich bei uns gut eingelebt, malte Mandalas, sang, machte Yoga und half bei der Verständigung, indem sie einfache Sätze vom Englischen ins Tamil übersetzte.

Frauen, die zum ersten Mal in ihrem Leben bei uns einen Stift halten, half sie gerne bei der Handhabung. Sie erinnerte sich dabei an ihre frühere Tätigkeit als Lehrerin und lächelte ganz glücklich.

Ab und zu kam Gowri zu Manoharan und wollte zurück zu ihrer Familie. Schließlich sind Manoharan und Kodimali dann mit ihr nach Chennai gefahren und haben das Haus ihres Bruders gefunden. Ihr Bruder und ihre Schwägerin haben beschrieben, wie unerträglich das Leben mit Gowri für sie und ihre Nachbarn war, so dass sie keinen anderen Ausweg sahen, als Gowri auszusetzen. Nach langen Gesprächen erklärten sich alle bereit, ein neues Leben miteinander zu versuchen. Im schlimmsten Fall sollte Gowri zu uns zurückkehren. Dies ist nicht geschehen.

So gehört auch die Wiedervereinigung einer Familie zur Arbeit von Om Shanthi. Wir wünschen Gowri und ihrer Familie Frieden und Freude in ihrem weiteren Zusammenleben!

Rani

Rani, 58 Jahre alt, unsere Helferin

Rani wächst mit 4 Brüdern in einer Bauernfamilie auf. Die Familie besitzt 4 Acres Land, welches sie auch bewirtschaftet. Ranis Füße sind so stark verformt und behindert, dass sie mit 5 Jahren immer noch nicht laufen kann. Ihr Vater gibt sie in die Obhut eines Onkels. Er hat keine Kinder und nimmt Rani wie eine eigene Tochter an. Er sorgt auch für beständige, jahrelange Behandlung ihrer Füße, so dass sie mit 17 Jahren schließlich ganz normal laufen kann.

An das Jahr ihrer arrangierten Eheschließung kann sie sich nicht erinnern, und auch den Namen ihres Mannes nennt sie nicht. Das ist ihre ruhige Art, den Protest auszudrücken, den sie wohl jahrzehntelang schweigend gefühlt hat.

Ihr Mann ist ein Trinker. Gelegenheitsarbeiten nimmt er nur an, wenn er Geld zum Trinken braucht. Seine Familie quält und misshandelt sie. Immer wieder geht sie zurück in ihr Elternhaus und arbeitet mit ihrer Familie auf den Feldern, damit sie ihre drei Kinder ernähren kann, die nach und nach zur Welt kommen. Und immer wieder verlangt ihr Mann, dass sie in sein Haus zu seiner Familie zurückkommt, ohne dass sich am Verhalten der Familie etwas ändert. Man gibt ihr die Schuld am Alkoholismus ihres Mannes.

Als ihre Kinder (2 Jungen und 1 Mädchen) 5, 6 und 7 Jahre alt sind, zieht sie mit ihrem Mann und den Kindern nach Bangalore, ca. 6 Stunden Busreise entfernt von Tiruvannamalai. Das Geld ist wieder knapp, bzw. nicht vorhanden, da ihr Mann alles vertrinkt.

Rani arbeitet auf dem Bau. Das ist eine sehr schwere Arbeit für jede Frau – für die zierliche, kleine Rani ganz besonders. 30 Jahre lang bleibt sie unter diesen Umständen in Bangalore. Die Kinder können nicht zur Schule gehen, da das Geld nur für das Notwendigste reicht und Bildung gehört dort leider nicht dazu. Die beiden Jungen arbeiten schon als Kinder mit. Sie reinigen Lastwagen. Heute sind beide Lastwagenfahrer … Die Tochter arbeitet heute in einer Bäckerei.

Als ihr Mann schließlich immer mehr dem Alkohol verfällt und sein Körper dahinsiecht, geht er in ein Krankenhaus und Ranis mühsam erworbene Ersparnisse, von umgerechnet 2000 Euro, gehen für eine nutzlose Behandlung drauf. Rani beteuert, dass sie trotz allem immer für ihn gesorgt hat. 2011 stirbt er.

Manoharan ist Präsident von ihrem Dorf Kaveriyam Poondi, wo unser Om Shanthi Heim gerade renoviert und 2012 eingeweiht wird und Rani ist eine direkte Nachbarin. Seit dem ersten Tag ist Rani dabei, hat 28 unserer Witwen liebevoll bis zum Tod begleitet und ist wie alle Helferinnen pünktlich und zuverlässig.

Ihre 6 Enkelkinder sind sehr gute Schüler/innen. Ein Junge und ein Mädchen besuchen die Ramana-Maharshi-Schule in unserer Nachbarschaft, eine sehr gute Schule, die sich auch um die weitere Ausbildung kümmert und auch Patenschaften vermittelt.

Rani ist jetzt mit ihrem Leben sehr zufrieden. Vor 5 Jahren hat sie einen Kredit auf ihr kleines Haus aufgenommen, den sie in drei Jahren abgezahlt hat. Dann lebt sie in ihrem eigenen Haus und ihre Enkelkinder bekommen die gute Schulausbildung, die sie ihren eigenen Kindern leider nicht geben konnte.

Gowri

Gowri, 70 Jahre alt,
bei uns seit 2017

Gowris Heirat mit 21 war arrangiert und fand in einem besonderen Tempel statt. Ihr Mann war 25 Jahre alt und ein beliebter, erfolgreicher Rikschafahrer. Gowri sagt, sie hätten ein gutes Einkommen gehabt, welches ihnen ermöglicht hätte, ein kleines schönes Haus zu mieten mit Schlafzimmer, Küche, Badezimmer und Diele zum Preis von 500 Rupien. Obwohl sie nicht reich waren, konnten sie einen Gärtner und eine Küchenhilfe beschäftigen.

Bald wurde ihre Tochter Sundari geboren. Ihr großes Glück währte 10 Jahre. Sie machten Fahrradausflüge zu Tempeln in der Umgebung. Sie tanzten spontan in ihrer Küche, wann auch immer

Musik zu hören war, oder auch nicht! Gowri tut das noch heute, wenn wir hier im Haus Konzerte haben. Auch jetzt bekommt Gowri glänzende Augen, wenn sie von ihrem Eheglück erzählt.

Plötzlich wurde ihr Mann krank. Er fühlte sich unwohl und hatte leichtes Fieber. Untersuchungen im Krankenhaus ergaben das schockierende Ergebnis: Blutkrebs (Leukämie). Trotz teurer Untersuchungen und Behandlungen starb ihr Mann innerhalb kurzer Zeit und ließ sie mit einem Berg Schulden (verursacht durch die Krankheit) und ihrer kleinen 8-jährigen Tochter zurück.

Um das tägliche Überleben zu sichern arbeitete Gowri für geringen Lohn wie fast alle Frauen auf dem Land als Feldarbeiterin. Sie war immer noch untröstlich über den Verlust ihres geliebten Mannes und begann unter Depressionen zu leiden.

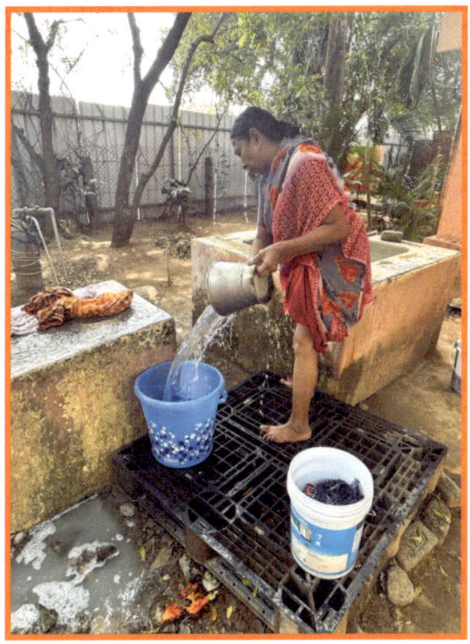

Ihre Tochter heiratete ohne Brautpreis. Es war für beide eine Liebesheirat. Ihr Mann besitzt selbst ein Taxi und arbeitet außerdem als Lastwagenfahrer, so dass sie ein gutes Einkommen haben. Sie bekommen bald einen Sohn, den Gowri ein einziges Mal zu sehen bekommt.

Dann verbietet ihre Tochter ihr jeden Besuch. Sie schämt sich, weil ihre Mutter arm ist, und beschimpft sie als Bettlerin. Seitdem hat Gowri zu ihrer Tochter, die in Kanchipuram (3 Autostunden entfernt) lebt, keinen Kontakt mehr, und ihre Depressionen werden schlimmer.

Gowri ist zutiefst verletzt und weiß auch, dass sie mental krank ist. Sie leidet unter tiefen Depressionen und geht zurück zu ihrer Mutter. Ihre Mutter kann sie nicht ernähren, denn sie ist ebenfalls bitterarm und hat auch niemanden, der sie unterstützt.

In Indien ist Alleinsein ohne Unterstützung von Familienangehörigen ein elendes Leben. Eigentlich bleibt ihr nur das Betteln.

Gowri findet ein christliches Hostel, wo sie aufgenommen wird. Sie bekommt erst einmal kostenlos Unterkunft und Essen. Das Essen war gut, sagt sie, aber zu viele Menschen (alle lagen zum Schlafen dicht nebeneinander) sie stritten und zankten sich ununterbrochen.

Um die Menge der Bedürftigen einzuschränken, wird in diesem Hostel bald ein Betrag von 1000 Rupien für Essen und Unterkunft verlangt, den Gowri, wie viele andere, nicht aufbringen kann, so dass sie gehen musste.

Der Nachtwächter hatte von Om Shanthi gehört und gab Gowri den Rat, sich bei uns zu melden.
Gowris Depressionen waren jedoch so schlimm geworden, dass sie in die Psychiatrische Klinik in Tiruvannamalai (Appa Mental Care Hospital) eingewiesen wurde und dort auch 6 Monate behandelt wurde. Von dort aus kam sie zu uns!

Gowri fühlt sich sehr wohl bei uns. Sie nimmt keine Medikamente mehr! Sie hilft älteren Mitbewohnerinnen beim Wäschewaschen, malt Mandalas, macht Yoga mit und singt gerne. Sie tanzt wieder wie früher, wenn wir Musiknachmittage bei uns haben und ist glücklich.

Ihr größter Wunsch ist es, einen friedlichen Geist zu haben! Sonst hat sie keinen Wunsch!

Kasthuri

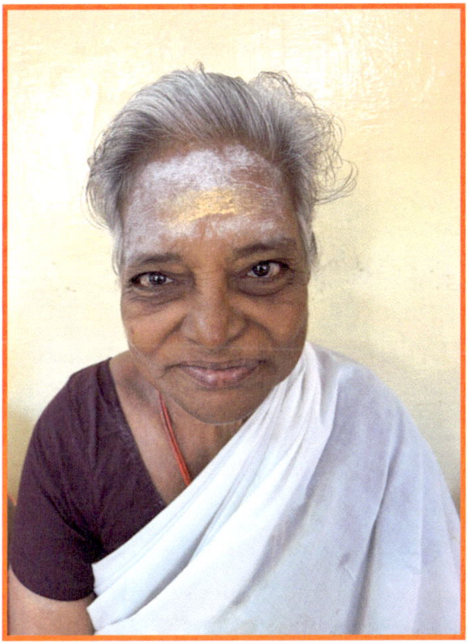

Kasthuri, 68 Jahre alt, seit 2021 in unserem Heim

Kasthuri stammt aus einer sehr großen Familie. Sie ist die Älteste und hat vier Schwestern und vier Brüder. Alle leben noch und haben jeweils zwei und drei Kinder.

Ihre Mutter und ihr Vater seien trotz Armut sehr glücklich gewesen. Ihr Vater war Fliesenleger und Maurer, ihre Mutter war Hausfrau hier in Tiruvannamalai.

Kasthuri heiratete im Alter von 21 Jahren den 26-jährigen Shankar. Die Ehe war von einem Onkel arrangiert. Sie lebten 6 Jahre glücklich zusammen. Shankar erledigte Fliesen- und Maurerarbeiten sowie Reparaturarbeiten an Rikschas. Ihr einziger Sohn, Raju, wurde 6 Jahre nach der Hochzeit per Kaiserschnitt geboren.

Dann, nach der Geburt von Raju, änderten sich die Dinge. Shankar begann stark zu trinken, zu rauchen und sich für andere Frauen zu interessieren. Es gab Streit und kein Geld mehr für den Haushalt.

Shankar nahm sich daraufhin eine zweite Frau. Kasthuri lebte weiterhin im gleichen Haus, aber in einem separaten Raum. In dieser Zeit übte sie auch Maurer-, Garten- und Putzarbeiten aus. Sie sagt, dass Shankar und seine zweite Frau Maliga glücklich waren, obwohl er sich weiterhin für andere Frauen interessierte. Aus dieser zweiten Ehe entstammen zwei Töchter und ein Sohn.

Kasthuri lebte noch viele Jahre in dieser Situation. Um das Jahr 2000 wurde Shankar bettlägerig. Er hatte eine starke Diabetis und eine Herzerkrankung. Seine zweite Frau kümmerte sich um ihn bis er 8 Jahre später verstarb. Kasthuri verließ daraufhin den gemeinsamen Haushalt. Sie durfte danach 10 Tage lang kostenlos in einem Gästehaus des Krankenhauses übernachten.

Um ihren Lebensunterhalt zu verdienen, verrichtete sie weiterhin Kuli-, Putz-, Garten- und Maurerarbeiten, bis sie diese schwere Arbeit nicht mehr tun konnte.

Anschließend schlief sie wie viele andere mittellose Frauen im großen Tempel in Tiruvannamalai und bettelte um Essen. So lebte sie sechs Jahre lang, bis ein Sadhu namens Annipa ihr von unserem Om Shanthi Heim erzählte.

Kasthuri hatte einen schweren Leistenbruch, als sie zu uns kam. Dieser ist ihrer Meinung nach auf heftiges, anhaltendes Erbrechen in der Kindheit zurückzuführen. Es gab kein Geld für ärztliche Behandlung. Auch ihre schwere körperliche Arbeit sei wahrscheinlich der Grund für diese Muskelschwäche gewesen, die dann auch den Kaiserschnitt zur Folge hatte.

Die Operation ihres schon lebensbedrohlichen Leistenbruchs kostete ca. 1000 Euro, die von einer unserer lieben Spenderinnen bezahlt wurden. Seitdem geht es Kasthuri sehr gut. Sie geht am Stock, ist sehr freundlich und hilfsbereit. Sie singt gerne, nimmt an allen Yoga- und Gesangskursen teil und spielt gerne „Mensch ärgere dich nicht“.

Obwohl viele ihrer Angehörigen hier in der Gegend wohnen, bekommt sie keinen Besuch. Sie ist trotzdem glücklich mit ihrer neuen Om Shanthi Familie hier im Heim und vermisst nichts.

Ihr Lieblingsessen ist Chapati (indisches Fladenbrot).

Maniyammal

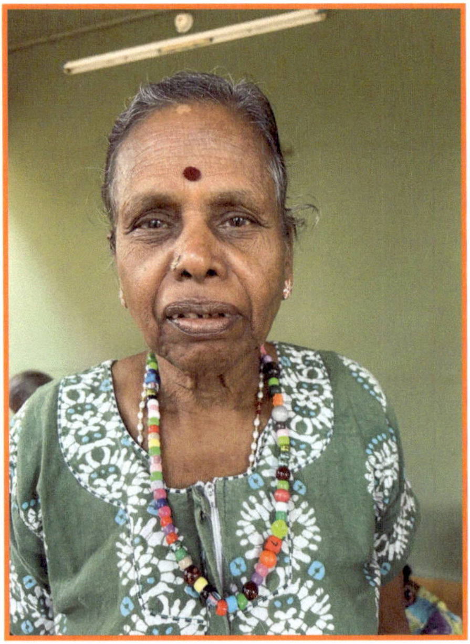

Maniyammal ist 67 Jahre alt, seit 2023 bei uns

Nach dem Besuch der 10. Klasse wurde für Maniyammal 1998 eine Heirat mit einem Verwandten arrangiert. Ihr Ehemann war schon einmal verheiratet, aber seine Frau hatte ihn verlassen. Maniyammal wurde bald schwanger und bekam einen Sohn. Ihr Ehemann war selbständig und hatte einen kleinen Gemischtwarenladen.

Bald nach der Geburt ihres Sohnes kam die erste Ehefrau zurück und forderte bei Maniyammals Mann ihre Position als rechtmäßige erste Ehefrau ein. Maniyammal wurde von ihrem Mann und seiner ersten Ehefrau gequält und misshandelt. Es herrschte beständig Streit durch Worte und Taten.

Maniyammal wollte und konnte unter diesen Umständen nicht mehr mit ihrem Mann leben und ging zu ihren Eltern zurück, die sie auch bereitwillig aufnahmen. Ihren Sohn übernahm eine Schwester, die in guten Verhältnissen lebte und selbst keine Kinder hatte.

Ihre Eltern arbeiteten, wie sie es immer getan hatten, weiter auf dem Feld, und Maniyammal führte ihnen den Haushalt. Als sich die Gesundheit ihrer Mutter durch Diabetes gravierend verschlechterte (ein Bein musste amputiert werden) und der Vater verstorben war, pflegte sie ihre Mutter bis zu ihrem Tod. Sie zog dann zu ihrer zweiten Schwester und arbeitete als Haushälterin in einem anderen Haushalt. Dort geschah dann ein tragischer Unfall. Sie wurde von ihren Arbeitgebern so geschubst und misshandelt, dass sie stürzte und ihr rechtes Bein brach. Dieser Bruch war angeblich nicht operabel. Der Sohn der Schwester hatte Mitleid mit ihr. Durch einen Freund hatte er von unserem Om Shanthi Heim erfahren und fragte bei uns an, ob wir Maniyammal aufnehmen könnten. Durch ihre Krankheit war der Aufenthalt im Haus ihrer Schwester schwierig bzw. unmöglich geworden, denn auch dort gab es Spannungen und Streit.

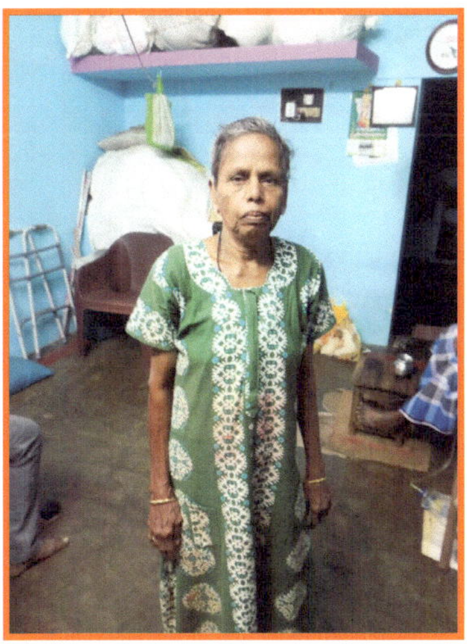

Ihr eigener Sohn Nirmal Kumar ist inzwischen 22 Jahre alt und studiert Wirtschaftswissenschaften. Das Studium bezahlt sein Vater unter der Bedingung, dass der Sohn keinen Kontakt zu seiner Mutter hat und Maniyammal niemandem erzählt, dass sie einen Sohn hat. Ihr Sohn lebt immer noch bei der Schwester, doch beide nehmen keinen Kontakt zu Manniyammal auf.

Maniyammal ist immer noch sehr behindert durch den Beinbruch. Sie kann kaum laufen und behandelt ihr Bein ayurvedisch mit einem Öl und regelmäßiger Massage. Sie sagt, es sei schon viel besser geworden.

Der Sohn ihrer zweiten Schwester besucht sie alle drei Monate. Sie hofft, dass er bei seinem nächsten Besuch ihr Hörgerät reparieren lässt. Dieser Sohn ist ihr einziger Kontakt zu ihrer Familie.

Sie betont, wie glücklich sie bei uns ist und dankt Gott für die große Gnade, bei uns sein zu dürfen. Ihr größter Wunsch ist ein Apfel und eine Banane. Mehr will sie nicht, das ist alles.

Malethi

Malethi, 44 Jahre alt,
eine unserer Betreuerinnen seit 2012

Malethi ist keine Witwe, sondern wurde von ihrem Mann kurz nach der Geburt ihrer Tochter Niveda verlassen. So gehört auch sie zu den Frauen, die wir schützen, unterstützen und soweit wie möglich fördern.

Ihre Eheschließung mit Ramesh wurde 1999 von der Familie arrangiert als sie 18 und er 19 Jahre alt waren. Er war ein Cousin mütterlicherseits. Sie hatte die 7. Klasse, er die 10. Klasse besucht. Er war Bauer. Malethi erzählte uns, dass er eine Frau brauchte, die für ihn kochte, da seine Mutter gerade gestorben war. Es gab sofort nach der Hochzeit Streit, weil ihr Mann und seine Familie nachträglich den Brautpreis erhöhen wollten. Ihre Eltern sollten noch mehr Gold und Geld zur Verfügung stellen.

Es gab nicht nur Wortgefechte, sondern auch Schläge für Malethi. Der Brautpreis ist offiziell verboten, wird aber in der Praxis immer noch wie in alten Zeiten verlangt und gegeben. Damit ist die Brautfamilie oft bis an ihr Lebensende verschuldet. (Ein Grund, warum weibliche Föten oft abgetrieben werden.) Verwandte, die mit ihm sprechen wollten, um zu vermitteln, hatten keinen Erfolg.

Als ihre Tochter Niveda nach zwei Jahren Ehe geboren wurde, weigerte sich ihr Mann, sie auch nur anzuschauen. Er verschwand und nahm sich eine zweite Frau. Mit ihrer zweijährigen Tochter ging Malethi zurück zu ihren Eltern.

Ihr Vater Rajendren hatte mit 58 Jahren 2010 eine harmlose Katarakt Operation im Krankenhaus am Auge und starb einen Monat später an einer Sepsis.

Ihre Mutter Sunmogavalli ließ 2003 eine schmerzhafte Zyste am Uterus operieren. 5 Jahre lang ging es ihr daraufhin gut, dann zeigten sich erste Symptome einer Demenz und starke Rückenschmerzen. Die letzten zwei Jahre war sie bettlägerig und wurde von Malethi gepflegt. 2018 starb auch sie mit 62 Jahren.

Malethis Mann meldete sich erst wieder nach 16 Jahren, weil er Geldforderungen an Malethi hatte und sah seine Tochter, die damals schon die 10. Klasse abgeschlossen hatte, zum ersten Mal. Ein Rechtsanwalt, den Malethi teuer bezahlte, um Unterhaltszahlungen von ihm zu bekommen, konnte nichts ausrichten. Die Sache verlief im Sande und ihre Anzahlung war weg.

2010 sah Malethi ein Schild am Tor von Premalaya (damals noch: Shanthimalai Handicrafts). Es wurden Frauen gesucht, die das Schneiderhandwerk erlernen wollten. Das wollte sie und meldete sich. Damit begann wie sie sagt: „Ein neuer Anfang und ein neues Leben für sie und ihre Tochter“. Manoharan verschaffte ihr ein kostenloses kleines Häuschen und brachte ihre intelligente Tochter in der vom Shanthimalai Trust gegründeten Schule unter, wo sie sofort durch das Patenschaftsprogramm von Shanthimalai unterstützt wurde. 2023 hat Niveda einen glänzenden Abschluss, den „Master in Physics“, gemacht!

Om Shanthi öffnete 2012 das Old Age Home und Malethi ist seitdem eine der Pflegerinnen mit einem regelmäßigen, guten Einkommen.

2023 arrangierte sie die Hochzeit für die 22-jährige Niveda mit dem 4 Jahre älteren Nirmal.

Sie leben nun beide in Bangalore, wo Nirmal eine gute Arbeitsstelle als Mechanikingenieur hat.

Da die Familie sich vergrößert hat, ist Malethi auch in ein größeres Haus umgezogen. Seitdem muss sie jetzt eine kleine Miete (ca. 30 Euro) zahlen. Ihr Traum ist, zusammen mit ihrer Tochter und ihrem Ehemann ein eigenes kleines Häuschen zu besitzen. Das Land haben sie schon gekauft.

Malethi hat genetisch bedingt auch unter Zysten am Uterus zu leiden. Sie befürchtete gleiche Folgen, wie sie ihre Mutter zu erleiden hatte und hat sich vor zwei Jahren die Gebärmutter entfernen lassen. Seit frühester Jugend hat sie auch Schilddrüsenprobleme.

Ihre Arbeit mit den Witwen im Om Shanthi Heim macht sie sehr glücklich.

Mary

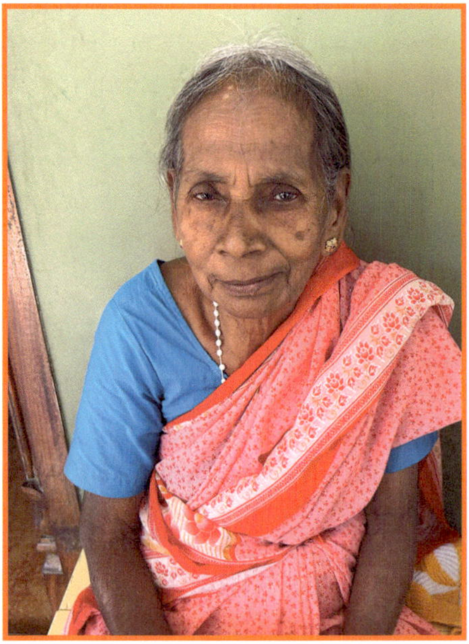

Mary, 85 Jahre alt, seit 2014 bei uns

Marys Mutter wuchs in einem christlichen Konvent auf, bevor sie mit einem Weber verheiratet wurde.

Mary hatte zwei Schwestern, die beide schon früh verstarben. Ihr Vater starb an einem Herzinfarkt und auch ihre Mutter starb sehr früh, so dass Mary in einem christlichen Waisenhaus aufwuchs. Hier besuchte sie auch die Schule bis zur 8. Klasse.

Mit 20 Jahren heiratete sie, wie ihre Mutter, einen Weber. Mary bekam zwei Töchter. Die Tatsache, dass sie keinen Sohn geboren hat, ist laut Mary der Grund, warum ihr Mann sie verlassen hat. Eine Tochter (Mary Neily) starb mit 10 Monaten an Typhus. Ihre zweite Tochter Rosi starb an einem Gehirntumor.

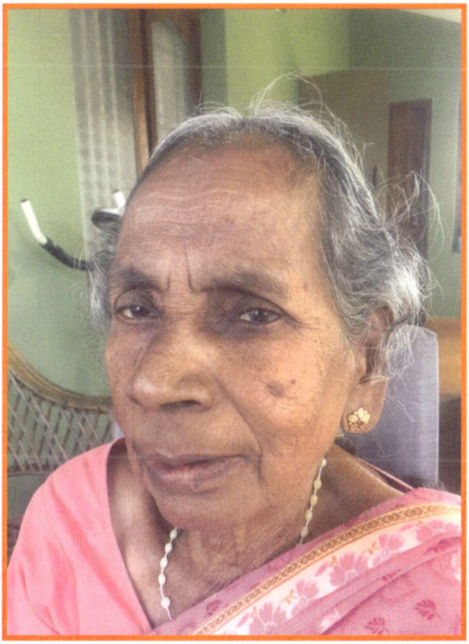

Mary arbeitete dann etwa 30 Jahre lang als medizinische Assistentin in einem Krankenhaus. Sie bekam ein gutes Gehalt, bei freier Kost und Logis.

Mary blieb und bleibt auch jetzt noch ihrem christlichen Glauben tief verbunden.

Ein Unfall auf der Straße hatte schwerwiegende Folgen. Mary wurde im Alter als Fußgängerin von einem Motorradfahrer angefahren und in „ihrem" Krankenhaus operiert. Ihr Arzt, mit dem sie so lange gearbeitet hatte, bezahlte alle entstandenen Kosten der komplizierten Operation. Während der folgenden Rehabilitationszeit rutschte Mary noch zweimal so folgenschwer aus, dass sie von insgesamt drei Unfällen spricht, die sie in dieser Zeit erlebt hat. Ein Bein ist seitdem unbeweglich und verursacht Schmerzen.

Sie fand dann eine Unterkunft in „Grace", einem christlichen Altersheim hier in Tiruvannamalai, wo sie kostenlos leben konnte. In Nirmala, einer Sozialarbeiterin in diesem Heim, glaubte sie eine liebe Freundin oder eine Art Tochter gefunden zu haben. Nirmala hatte viele Bedürfnisse und materielle Wünsche, die Mary ihr mit den Ersparnissen, die sie aus ihrer Assistenzzeit im Krankenhaus auf dem Konto hatte, gerne erfüllte. Als alle Ersparnisse (3 laks Rupien = ca. 3000 Euro) aufgebraucht waren, empfahl Nirmala ihr, in unser Heim Om Shanthi umzuziehen. Mary fühlte sich von Nirmala ausgebeutet und betrogen und zog in unser Heim um.

Mary ist seitdem bei uns glücklich. Sie ist die einzige Christin, nimmt aber an unseren täglichen Pujas (Gottesdiensten) am Morgen teil. Sie malt Mandalas am Morgen, wäscht immer noch ihre Wäsche selbst und übt täglich mit dem Ball den Basketballkorb zu treffen, was ihr erstaunlich gut gelingt. Sie singt gerne und gut und erfreut uns alle mit ihrem Gesang, wenn wir Musiknachmittage mit Gästen in unserem Heim veranstalten.

Ihr Wunsch ist exquisit: Parotha (indisches, flaches Brot) mit Lammleber!

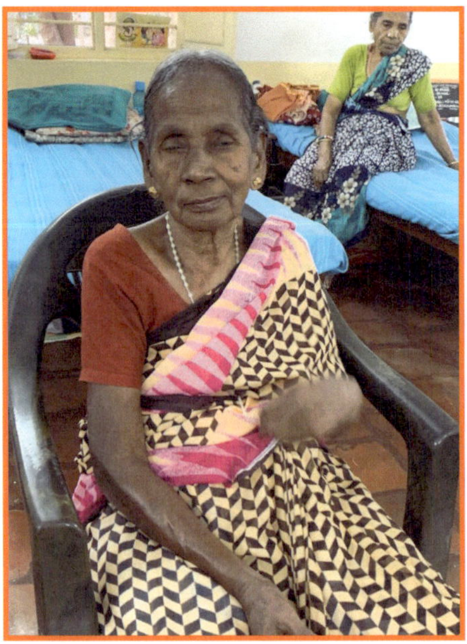

Nagaboshnam

Nagaboshnam, 86 Jahre alt, seit 2015
bei uns in Om Shanthi, am 17.3.2024 verstorben

Nagaboshnam war keine Witwe, sondern wurde von ihrem Mann so misshandelt, geschlagen und gequält, dass sie ihren Mann verlassen hat. Die meiste Zeit war er betrunken.

Sie hatte die Schule bis zur achten Klasse besucht und las gerne. Zwei ihrer Schwestern sind gestorben. Ihre Mutter hat Nagaboshnam schließlich aus dem ehelichen Haus abgeholt und zu sich nach Hause genommen. Sie hat dann als Landarbeiterin auf dem Feld gearbeitet. Als die Mutter starb, nahm eine Schwester sie auf. Deren Ehemann war jedoch gegen ihren Verbleib im Haus und es gab beständig Streit, weil Nagaboshnam dort war.

Die Tochter der Schwester hat dann die Verbindung zu uns hergestellt. Seit 2015 ist sie bei uns glücklich. 2018 rutschte sie aus und brach sich die Hüfte und den Oberschenkelknochen.

Da ihr allgemeiner Gesundheitszustand sehr schwach war, wurde uns von einer komplizierten OP abgeraten. Sie war eine lange Zeit bettlägerig, hatte starke Schmerzen, und ihre Wunden mussten täglich von einer Krankenschwester versorgt werden, um die Gefahr des Wundliegens zu vermeiden. Die Heilung dauerte circa ein Jahr.

Seitdem war Nagaboshnam gehbehindert, hatte aber so gut wie keine Schmerzen mehr. Sie erfreute sich eines stabilen Gesundheitszustand. Ihre Lust zu lesen war ungetrübt und ihre Kontaktfähigkeit machte sie zu einer angenehmen Mitbewohnerin. Sie war sehr glücklich und zufrieden mit ihrem Leben hier in unserem Om Shanthi Heim.

Am 17.3.2024 bat sie Manoharan, unseren Heimleiter, zu sich zu einem Gespräch. Sie bedankte sich bei ihm für die glücklichen letzten Lebensjahre, die sie in unserem Heim verbringen durfte. Nach 10 Minuten lehnte sie ihren Kopf an seine Schulter und starb.

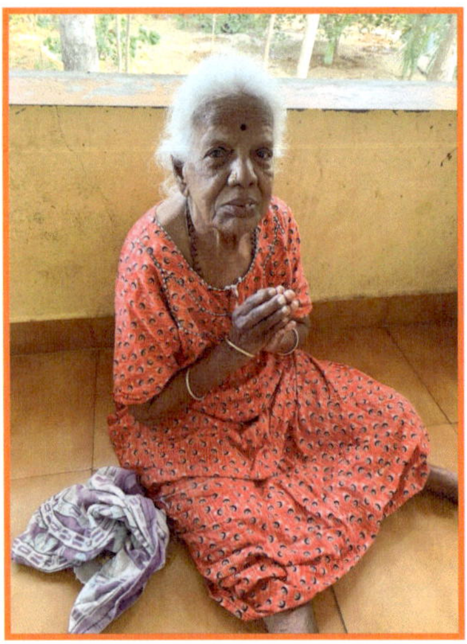

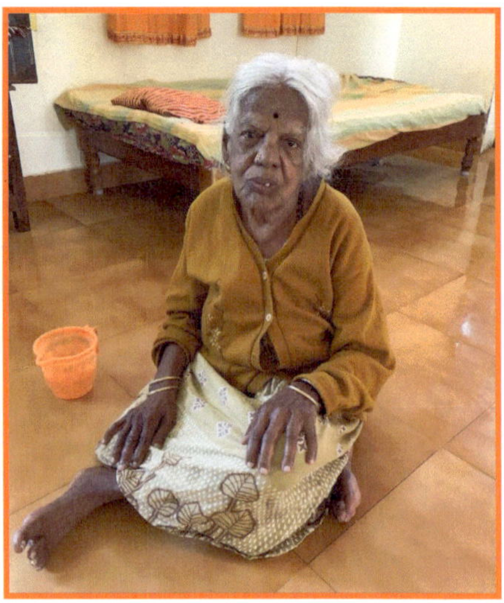

Panjalai

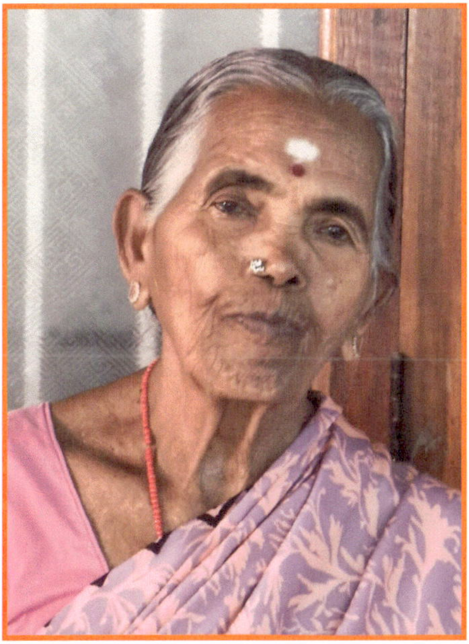

Panjalai, 88 Jahre alt, seit 2016 bei uns

Als junge Frau war Panjalai, so sagt sie, sehr schön und auch sehr stark.

Sie erzählt weiter, dass sie ein glückliches Familienleben hatte in einem Dorf ca. 40 km von Tiruvannamalai entfernt. Sie hatte einen älteren Bruder und eine ältere Schwester. Ihr Vater arbeitete auf einem Bauernhof, ihre Mutter war Hausfrau. Sie selbst besuchte die Schule bis zur 5. Klasse.

Ihr Bruder lebt noch, und sie hat mehrere Nichten und Neffen, zu denen sie aber keine Beziehung hat. Die meisten von ihnen leben in Chennai. Panjalai wurde mit 17 Jahren mit Adimulam, einem Maurer verheiratet. Er war 5 Jahre älter. Sie hat zwei Töchter, die jetzt beide ca. 50 Jahre alt sind. Ihr Mann rauchte und trank viel und war oft tagelang verschwunden. Er starb im Alter von 50 Jahren im Krankenhaus an den Folgen eines Schlaganfalls.

Nach seinem Tod arbeitete Panjalai auf dem Bauernhof ihrer Mutter, kochte und verrichtete alle notwendigen Arbeiten auf dem Feld. Fünf Jahre später nach dem Tod ihrer Mutter beanspruchte ihr Bruder das Haus und Panjalai zog zu ihrer Tochter nach Bangalore, wo sie 15 Jahre blieb. Vor 10 Jahren verkaufte ihr Bruder auch dieses Haus. Damit war Panjalai obdachlos.

Radha, eine unserer Bewohnerinnen, erzählte Panjalai von unserem Om Shanthi Heim, und so kam sie 2016 zu uns.

Panjalai leidet an Diabetes und hohem Blutdruck. Beides wird mit Medikamenten behandelt. Abgesehen von ihrer Kindheit, ist unser Om Shanthi Heim der einzige Ort, wo sie jemals glücklich war.

Am Ende des Gesprächs bringt Panjalai noch einmal ihre Enttäuschung zum Ausdruck, dass durch den Alterungsprozess leider ihre Schönheit verloren gegangen ist.

Ihr größter Wunsch, einen Apfel zu bekommen, ist ihr inzwischen erfüllt worden.

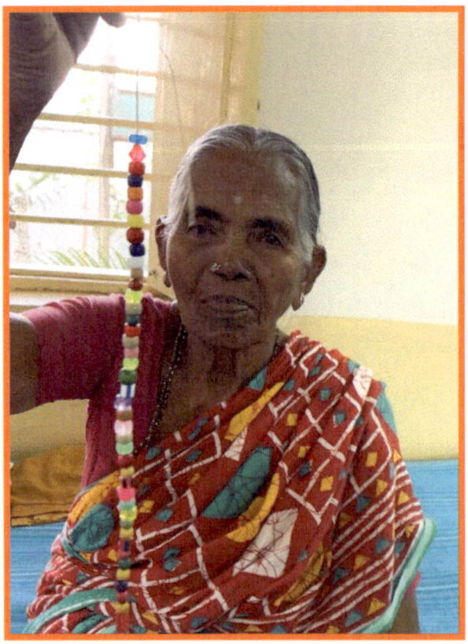

Kamala

Kamala, 30 Jahre alt,
Betreuerin bei uns seit 2021

Kamala arbeitet seit drei Jahren in unserem Heim und ist sehr dankbar, dass sie diese Arbeitsstelle bekommen hat. Wir freuen uns, dass sie bei uns ist.

Vor sieben Jahren starb ihr Mann Murugan. Es war eine arrangierte Hochzeit. Sie war zu diesem Zeitpunkt 14 und ihr Mann 23 Jahre alt. Er war Maurer, wie ihr Vater und ihre beiden älteren Brüder. Sie waren sehr glücklich miteinander, obwohl das Leben ihnen schon bald viel Leid brachte.

Kamala bekam zwei Söhne. Der erste Sohn starb nach 3 Monaten, der zweite Sohn starb nach 8 Tagen. Sie weiß nicht, wie das passieren konnte. Die Todesursache ist bei beiden Söhnen unbekannt. Es ist aber auch möglich, dass sie nicht darüber sprechen will, weil es zu schmerzhaft ist.

Ihre Tochter Trisha, die dann geboren wurde, ist heute in der 8. Klasse und eine gute Schülerin.

Kamala wurde mit 23 Jahren Witwe. Ihr Mann hat bei einem Betriebsunfall auf seiner Baustelle die Hüfte gebrochen. Er war danach nicht nur arbeitsunfähig, sondern auch bettlägerig.

Nach zwei Jahren hat er Selbstmord verübt.

Danach konnte Kamala mit ihrer Tochter bei den Eltern wohnen. Ihr Vater ist durch einen Arbeitsunfall schwerbeschädigt und arbeitsunfähig. Er verlor durch einen elektrischen Schock auf seiner Baustelle beide Hände. Ein Bein musste amputiert werden. Er liegt zuhause und ist pflegebedürftig. Ihre Mutter arbeitet für wenig Geld als Landarbeiterin auf dem Feld.

Kamala ist mit ihrer Putzstelle in unserem Heim die Haupternährerin ihrer Familie.

Da wir auch junge Witwen in unseren Dörfern in der Umgebung von Tiruvannamalai betreuen, wurde ihre Notsituation bald Manoharan bekannt, und so erhielt sie diese volle Stelle bei uns.

Sie hat noch eine Schwester, die ebenfalls mit einem Maurer verheiratet ist. Diese hat einen Sohn und zwei Töchter. Ihre beiden älteren Brüder haben drei bzw. vier Töchter. Sie können Kamalas Familie nicht unterstützen, da sie selbst nicht wohlhabend sind und kaum ihr Auskommen haben.

Kamalas größter Wunsch ist, dass ihre Tochter eine gute Ausbildung bekommt und eine gute Zukunft hat. Wir werden die Ausbildung von Trisha mit den Spendengeldern, die wir bekommen, nach besten Kräften unterstützen.

Kamala ist eine richtige Kämpferin, ein „Löwenmädchen“ haben wir sie genannt und sie hat sich darüber gefreut!

Parameshwari

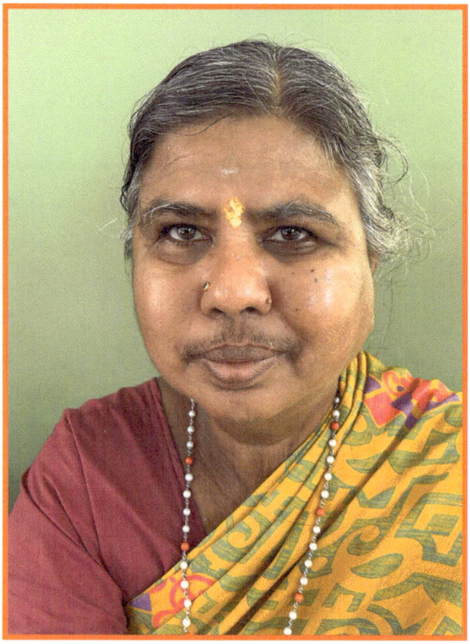

Parameshwari, Alter 67,
in unserem Heim seit 2019

Parameshwari stammt aus Chennai. Sie ist das jüngste Kind ihres Vaters Duraikannu und ihrer Mutter Rajmani. Drei ihrer Brüder und eine Schwester sind noch am Leben und wohnen in Chennai. Zwei andere Schwestern und ein Bruder sind bereits verstorben. Sie waren eine glückliche Familie.

Sie heiratete ihren Mann Raj, als sie 17 und er 29 Jahre alt war. Raj hatte ein kleines Geschäft für Konfektionskleidung und einen Saftstand. Sie waren sehr glücklich miteinander. Im Jahr 2008 starb er aufgrund von Nierenproblemen.

Sie bekamen zwei Kinder. Sathya, heute eine 37-jährige Hausfrau, die mit einem Bauern verheiratet wurde und ihr Sohn, Ramanan, der jetzt 35 Jahre alt ist und unverheiratet. Nach dem Tod seines Vaters nahm Ramanan seine Mutter bei sich auf, die weiterhin auf den Feldern arbeitete.

Ihr Sohn litt unter starken Rückenschmerzen. Er ließ sich in Privatkliniken in Chennai und Pondicherry behandeln. Die Familie gab ihr gesamtes Geld für Ramanans Behandlungen aus und nahm auch Kredite auf. Selbst nach der Behandlung waren seine Schmerzen unerträglich. Er war nicht mehr in der Lage, für sich und seine Mutter zu sorgen. In dieser Situation zerstörte ein Feuer den Pooja-Raum in ihrem Haus. Nach diesem Vorfall versank Parameswari in tiefe Depressionen. Da sie Diabetikerin war und einen hohen Blutdruck hatte, verschlimmerte sich ihr Zustand. Sie wurde in das APPA Mental Care Health Centre in Tiruvannamalai eingewiesen. Ihr Sohn Ramanan bat uns, sich um seine Mutter zu kümmern, da er selbst dazu nicht in der Lage war. Seit 2019 ist sie bei uns im Om Shanthi Heim.

Da er seine starken Schmerzen nicht mehr ertragen konnte, beging Ramanan vor drei Jahren Selbstmord.

Ihre Tochter Sathya mied ihre Mutter zunächst, da sie sie für den Tod ihres Bruders verantwortlich machte. Doch später versöhnten sie sich. Um die Schulden für die Behandlung von Ramanan und Parameshwari zu begleichen, verkauften sie ihr Haus. Ihr Schwiegersohn weigert sich jedoch, seine Schwiegermutter in seinem Haus aufzunehmen.

Parameshwari ist sehr glücklich in ihrem jetzigen und endgültigen Zuhause. Sie ist sehr intelligent und ist bis zur 10. Klasse in die Schule gegangen. Sie ist immer noch dankbar für ihre Schulbildung. Sie liebt es, Mandalas zu malen, und leitet unsere Frauen beim Singen von heiligen Hymnen jeden Nachmittag an. Außerdem liebt sie es, Brettspiele zu spielen.

Wie bereits erwähnt, hat Parameshwari gesundheitliche Probleme und wird im örtlichen Krankenhaus behandelt, wo sie wie alle unsere Frauen regelmäßige monatliche Kontrolluntersuchungen und Behandlungen erfährt.

Pattamal (Pattu)

Pattamal (Pattu) **ist etwa 86 Jahre alt und wohnt seit 2018 bei uns im Om Shanthi Heim.**

Sie ist eine winzige, immer noch wilde Frau. Sie wird dich beim ersten Treffen mit durchdringenden Augen anstarren, die in etwa sagen: „Ich vertraue dir nicht, ich mag dich nicht, also bleib weg!“ Während unseres Gesprächs wendet sie sich manchmal ab, schüttelt irritiert die Hände und kann oder will sich nicht erinnern. Wir lassen ihr Zeit.

Pattu erzählt, dass sie auf einer kleinen, ärmlichen Farm aufwuchs und dort mit ihren Eltern zusammen Reis und Ragi (ein indisches Getreide) anpflanzte. Ihre einzige Schwester hat zwei Kinder. Sie hat aber seit vielen Jahren keinen Kontakt mit ihr.

Seit ihr Mann Ganesha vor über 40 Jahren gestorben ist, hat sie niemanden mehr in ihrem Leben. Ihre Ehe war arrangiert und blieb kinderlos. Sie arbeiteten zusammen auf dem Feld. Sie kann sich nicht erinnern, woran er gestorben ist, dabei zittern ihre flatternden Hände und in ihren Augen zeigen sich Tränen.

Nach dem Tod ihres Mannes kam ein entfernter männlicher Verwandter und beanspruchte Pattus Grundstück und das Haus als sein Eigentum. Theoretisch ist eine Witwe erbberechtigt. Praktisch hat sie auf dem Dorf als alleinstehende Frau aber keine Möglichkeit, ihre Ansprüche durchzusetzen. In fast allen Fällen finden sich die Frauen damit ab. Sie finden selten eine Möglichkeit, bei anderen Familienangehörigen zu wohnen, und werden meistens auf diese Weise obdachlos.

Pattu verbrachte dann viele Jahre damit, von Ort zu Ort zu ziehen, von einem Tempel zum anderen, um Zuflucht zu suchen, um Essen zu erbetteln und einen sicheren Ort zu finden, an dem sie nachts ihren müden Körper ausruhen konnte. In den Tempeln gibt

es keine Betten oder Unterkünfte. Den Obdachlosen ist es jedoch gestattet, Schutz zu suchen, vielleicht in einer Ecke auf dem blanken Boden, oft unter freiem Himmel innerhalb dieser oft großen Tempelanlagen.

Vor 6 Jahren kam sie zum großen Tempel von Tiruvannamalai. Sie schlief am Straßenrand. Ein Sadhu vermittelte den Kontakt zu Kodimali, unserer Leiterin. So kam Pattu zu uns. Ihr körperlicher Gesundheitszustand ist überraschend gut. Ihre lange Obdachlosigkeit hat jedoch Spuren hinterlassen. Sie sammelt alles ein, was angeboten wird, auch wenn sie es nicht gebrauchen kann, wie z.B. Vorlagen zum Malen, Malstifte, Perlen, Spielkarten usw. Besonders die Sonnenbrillen der Besucher/innen haben es ihr angetan. Ihr Sinn für Humor und ihr schelmisches Lächeln tragen dazu bei, dass niemand ihr böse sein kann. Die Sonnenbrillen, die sie nun von Besucherinnen geschenkt bekommt, werden immer fantastischer! (Siehe Foto oben!) Auch ihre lange Gewohnheit, in der Natur (unserem Garten) Pippi zu machen, ist ihr geblieben,

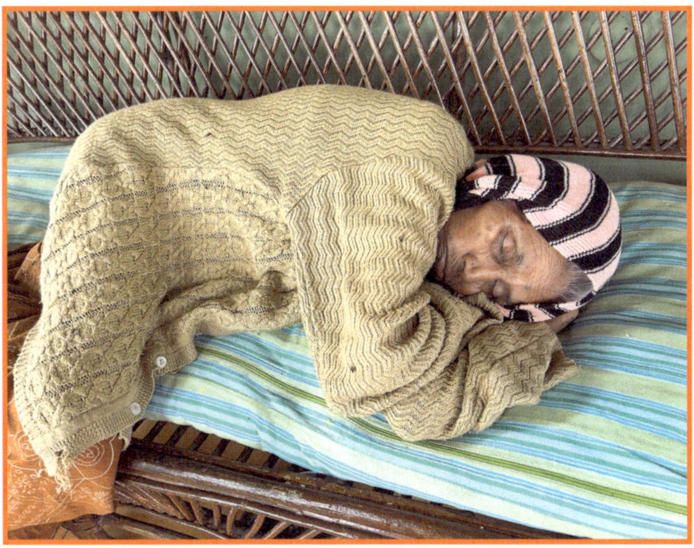

wenn auch nur zu besonderen Gelegenheiten … Der Protest von unseren anderen Frauen ist ihr dann doch zu arg!

Die Tiere im Garten sind ihre Freunde. Zu Essenszeiten stellen sich die Raben hinter Pattu auf dem Sims auf und warten, dass sie ihnen Reis zuwirft. Auch Hunde und Katzen schleichen dann in der Gewissheit um sie herum, dass Pattu ihr Essen mit ihnen teilen wird. Weiß ihre Gönnerin doch selbst am besten, wie es ist, hungrig zu sein.

Pattu ist eine besondere Persönlichkeit in unserem Heim. Sie ist nicht zu übersehen, und es macht Freude, ihr ein schelmisches Lächeln oder ein paar krächzende, freundliche Töne zu entlocken.

Pattus größter Wunsch sind grüne Trauben!

Pattu ist am 3. April 2025 friedlich eingeschlafen. Wir werden sie alle vermissen!

Poongardanam

Poongardanam, 75 Jahre alt,
seit Anfang 2024 bei uns

Poongardanam ist unser neuestes Mitglied in Om Shanthi, und hat sich schon gut eingelebt.

Poongardanam stammt aus einer großen Familie, ihre Mutter war Hausfrau und ihr Vater Bauer. Sie ist die älteste von fünf Geschwistern und hat noch einen Bruder und vier Schwestern. Zwei ihrer Schwestern sind bereits verstorben, und ihre anderen Geschwister leben weit weg. Poongardanam ist nie zur Schule gegangen. Hier im Om Shanthi Heim hat sie zum ersten Mal einen Bleistift benutzt.

Sie wurde mit ihrem Mann Sabaran verheiratet, als sie 15 Jahre alt war. Er war 25. Es war eine glückliche Ehe, und ihr stehen die Tränen in den Augen, als sie uns erzählt, dass sie ihn immer noch vermisst. Er starb vor 20 Jahren an einem Herzinfarkt.

Seitdem lebte sie mit ihrer Tochter und ihrem Schwiegersohn zusammen. Obwohl die Tochter und der Schwiegersohn beide arbeiten, schickten sie Poongardanam täglich zum Betteln auf die Straße. Außerdem wurde sie sowohl von der Tochter als auch vom Schwiegersohn körperlich misshandelt.

Obwohl Poongardanams allgemeiner Gesundheitszustand gut ist, hat sie Schwierigkeiten beim Gehen. Sie hat Schmerzen in den Händen und Beinen, und es fällt ihr schwer, das Gleichgewicht zu halten.

Poongardanam gewöhnt sich gut an ihr neues Leben hier in Om Shanthi, und schon nach wenigen Tagen erzählte sie, wie glücklich sie ist, drei Mahlzeiten am Tag zu bekommen und in einer so wunderbaren Umgebung zu leben. Willkommen, Poongardanam!

Ihr großer Wunsch: ein Apfel oder eine Banane!

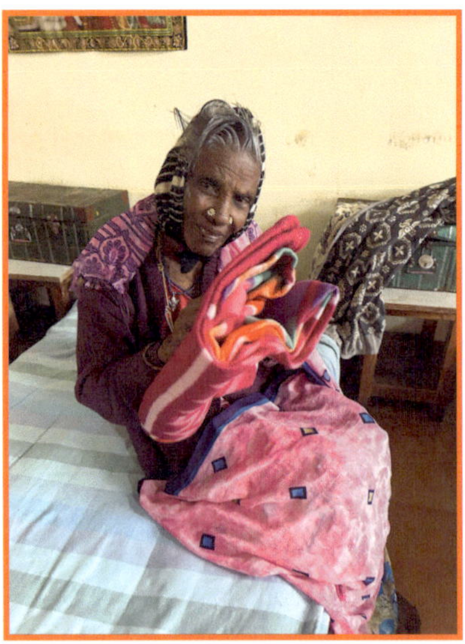

Radha

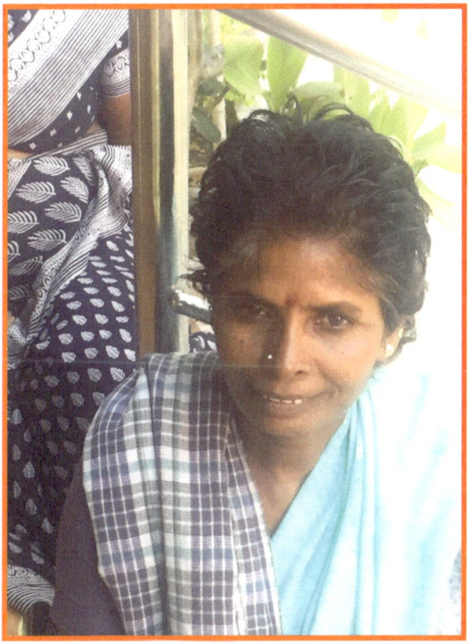

Radha, 52 Jahre alt,
Betreuerin bei uns seit 2021

Mit 23 Jahren wurde Radha mit dem 7 Jahre älteren Govindan verheiratet. Es ist eine glückliche Ehe. Sie hatten 4 Kinder: 3 Söhne und eine Tochter.

Ihre Tochter hatte einen Tumor am Kopf, der nicht operiert werden konnte. Nach 2-monatiger intensiver Behandlung ist sie mit 10 Jahren gestorben.

Die drei Söhne sind wohlauf. Der Älteste ist 40 Jahre alt, verheiratet und hat 2 Töchter und einen Sohn. Er arbeitet in einer Firma, die Motorroller verkauft und hat ein gutes Einkommen. Der zweite Sohn ist Maler/Anstreicher. Seine kleine Tochter ist verstorben, sein kleiner Sohn ist drei Jahre alt.

Der jüngste Sohn macht eine Ausbildung an einem Technischen College. In zwei Monaten wird er seine Ausbildung als Automechaniker beendet haben. Er ist 27 Jahre alt und noch nicht verheiratet.

Radha hat früher mit ihrem Mann zusammen auf dem Bau gearbeitet. Diese Arbeit ist sehr mühsam, da es kaum Maschinen oder Kräne gibt. Alle Baumaterialien werden von den Frauen in großen Schalen auf dem Kopf transportiert. Seit Govindan 60 Jahre alt ist, arbeitet er nicht mehr. Er ist sehbehindert. Viele Männer auf den Dörfern hätten diese Sehbehinderung, sagt Radha.

Da wir nicht nur Witwen unterstützen, sondern auch Frauen, die mit behinderten Männern alleine den Lebensunterhalt für eine Familie bestreiten müssen, ist Radha bei uns am richtigen Platz.

Ihr Schwiegervater besitzt ca. 4000 m^2 Land, das auf die drei Söhne und den Schwiegervater aufgeteilt ist. Dieses Land wird im Augenblick nicht bearbeitet, sondern ist eine Art Bankkonto. Es liegt nahe bei Tiruvannamalai, wo die Preise für Bauland seit kurzem explodieren. Die Aussicht, dass ein Viertel dieses Grundstücks (1000 m^2) eines Tages in den Besitz von Radhas Familie übergeht, ist für sie erfreulich. Bleibt zu hoffen, dass in Zukunft alle Erbangelegenheiten gütlich geregelt werden können und keine Streitigkeiten in der Familie verursachen, wie es sehr oft geschieht.

Zu ihren Schwiegertöchtern hat Radha kein gutes Verhältnis. Sie hat die Ehen zwar mit arrangiert, meint jedoch, dass die Persönlichkeiten der beiden Frauen sich seit der Hochzeit sehr geändert hätten. Schuld daran sei der Klatsch und Tratsch, der in den Dörfern herrscht. Sie ist sehr glücklich bei uns und sagt, dass sie während der Arbeitszeit den Frieden und die Ruhe schätzt, die in unserem Heim herrschen.

Auf meine Frage hin, wie unser Heim in den Augen der Dorfbevölkerung wirkt, beteuert sie die absolute Wertschätzung und Achtung, die man unserer Arbeit zollt.

Ihr Wunsch: Ein Päckchen Lions Datteln!

Wir freuen uns, dass Radha bei uns ist. Sie ist fröhlich und unermüdlich mit der Reinigung unserer Häuser und der Wäsche beschäftigt.

L. Radha

L. Radha, 87 Jahre,
seit 2016 in unserem Heim

Radha ist das dritte von neun Kindern. Nur ein Bruder und eine Schwester sind noch am Leben. Sie wuchs auf im Dorf Salem, etwa 90 km von Tiruvannamalai entfernt.

Radha wurde mit Loginander verheiratet, als sie 18 und er 28 Jahre alt war. Loginander arbeitete als Händler für Pumpenaggregate und als Mechaniker. Radha war Hausfrau. Ihr Mann starb im Alter von 68 Jahren. Er war ein starker Raucher und Trinker gewesen. Zusammen hatten sie vier Töchter und einen Sohn. Radha hat sieben Enkelkinder. Alle ihre erwachsenen Kinder leben weit weg und besuchen sie nicht. Sie kommunizieren jedoch per Telefon.

Radha verließ die Schule nach Abschluss der sechsten Klasse. Sie hätte gerne einen höheren Bildungsabschluss angestrebt. Sie ist sehr intelligent und versteht sich gut mit allen anderen Frauen in unserem Om Shanthi Heim.

Nach dem Tod ihres Mannes lebte sie eine Zeit lang bei ihren Kindern und wechselte von Ort zu Ort.

Ihre Töchter kümmerten sich nicht sonderlich um sie, also lebte sie bei ihrem Sohn Seenuvasav, der als Fahrer arbeitete. Er und seine Frau stritten sich ständig darüber, ob sie in ihrem Haus bleiben durfte. Schließlich ließen sie sich scheiden, und er lebt jetzt allein.

Sie kam vor acht Jahren in unser Om Shanthi Home.

Vor einigen Jahren wollte ihr Sohn sie zurück in sein Haus holen. Als wir die Situation untersuchten, fanden wir heraus, dass ihr Sohn stark trinkt. Es wäre also nicht gut gewesen für Radha zu ihm zurückzukehren.

Radha ist sehr glücklich darüber, bei uns zu sein und fühlt sich sehr wohl. Sie ist eine begeisterte Mandala-Malerin. Sie sagte mir einmal: „In unserem Dörfern gibt es keine Liebe, die gibt es nur hier!“ Darüber habe ich mich sehr gefreut!

Sie ist Diabetikerin und hat hohen Blutdruck. Aber mit der richtigen Pflege, die wir ihr zukommen lassen, kommt sie ganz gut zurecht.

Ihr Wunsch ist es, genügend Mandala-Motive zum Malen zu bekommen. Ihre Bilder sind wunderschön.

Radha

Radha, 97 Jahre alt, seit 2014 bei uns

Radha ist 97 Jahre alt und kam 2014 zu uns ins Heim. Sie hat eine gute Gesundheit und ist vital, intelligent und mental und körperlich so stark, dass man ihr Alter höchstens auf 75 Jahre schätzen würde. Das ist ihr bewusst, und dafür dankt sie ihrem Gott.

Ihr Vater Chinyappa und ihre Mutter Pounama arbeiteten beide als Bauern und bauten Reis, Zuckerrohr und Ragi im Dorf Nathampoondi an, etwa 20 Kilometer von Tiruvannamalai entfernt. Sie hat zwei Brüder, einer davon ist vor einigen Jahren gestorben. Sie hatte auch zwei Schwestern, von denen nur noch eine lebt. Ihr Onkel arrangierte ihre Ehe mit einem Freund von ihm. Sie heiratete Venachalam, als sie 18 und er 30 Jahre alt war. Sie sagt, dass er nie einen Tag in seinem Leben gearbeitet habe, er habe nur gegessen und geschlafen.

Sie brachte vier Kinder zur Welt – eine Tochter starb im Alter von drei Monaten ohne ersichtlichen Grund. Es gibt zwei weitere lebende Töchter und einen Sohn. Venachalam starb im Alter von 35 Jahren nachdem Radha ihn gepflegt hatte, weil er bettlägerig war. Sein einziges Leiden seien „Beinschmerzen" gewesen.

Nach seinem Tod arbeitete Radha noch weitere 20 Jahre auf Baustellen. Dies ist sehr harte Arbeit, da die Frauen alle Baumaterialien auf dem Kopf transportieren müssen. Als die Arbeit für sie zu schwer wurde, zog sie nach Tiruvannamalai um. Hier arbeitete sie viele Jahre in einem Geschäft, welches preiswerten Goldschmuck verkaufte. Mit ihren angesparten 90.000 Rupien (ca. 1000 €) kündigte sie, mietete ein kleines Haus und lebte von ihren Ersparnissen bis diese verbraucht waren. Eine Frau namens Panchiamal stellte den Kontakt zu Manoharan und Kodimali her. Seitdem wohnt sie bei uns. Sie hat zu niemandem aus der Familie noch Kontakt, nur noch zu einem Sohn, der weit weg lebt und sie alle 3 - 4 Monate besucht.

Ihr einziger Wunsch ist eine Banane. Es kann eine grüne oder eine gelbe Banane sein.

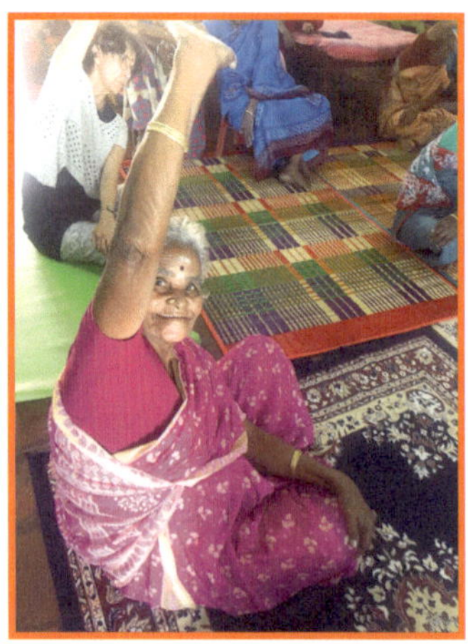

Rani

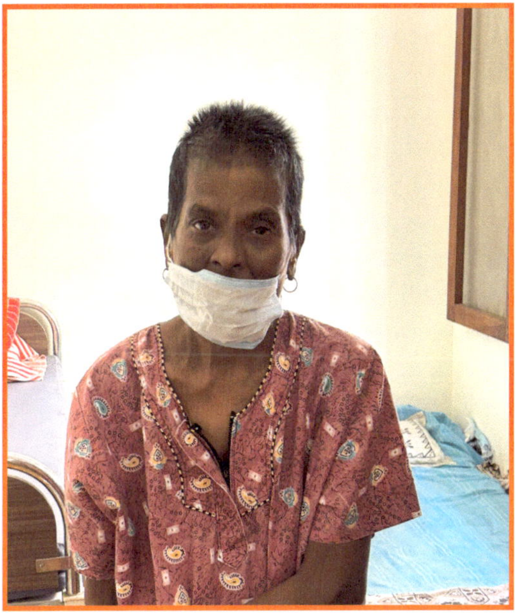

Rani, 65 Jahre alt.
Sie kam Mitte Januar 2024 zu uns.

Rani war nicht verheiratet und hat auch keine Kinder. Sie kam direkt aus einer Spezialklinik für Tuberkulose zu uns, wo sie 6 Monate verbracht hat. Sie gilt als nicht mehr ansteckend und geheilt. Sie hat eine Art „Restless Leg Syndrom", welches den gesamten Körper betrifft. Ihre Bewegungen sind zuckend und unkontrolliert. Auch ihre Zunge hat sie nicht unter Kontrolle.

Sie muss immer noch sehr starke Medikamente nehmen und ist in einem Einzelzimmer getrennt von den anderen untergebracht, da wir sicher sein wollen, dass sie nicht mehr ansteckend ist. Wenn sie aus dem Zimmer kommt, trägt sie eine Maske und hält immer sehr diszipliniert ca. 4 bis 5 Meter Abstand zu allen anderen Personen ein. Diese Vorsichtsmaßnahme werden wir noch eine Zeitlang praktizieren, obwohl sie als geheilt entlassen ist, um unsere anderen Frauen zu schützen.

Sie hat die Schule bis zur 12. Klasse besucht. Sie lernte Englisch, welches sie immer noch in einfacher Form spricht. Dann arbeitete sie als Lehrerin in einer Grundschule.

Sie hat eine ältere Schwester und zwei jüngere Brüder. Einer ist Geschäftsmann, der andere Elektriker. Sie leben alle in relativ guten Verhältnissen. Die erwachsenen Enkelkinder ihrer Geschwister sind noch in der Ausbildung. Zwei Mädchen studieren Medizin, ein Junge Business Management und zwei gehen noch aufs College.

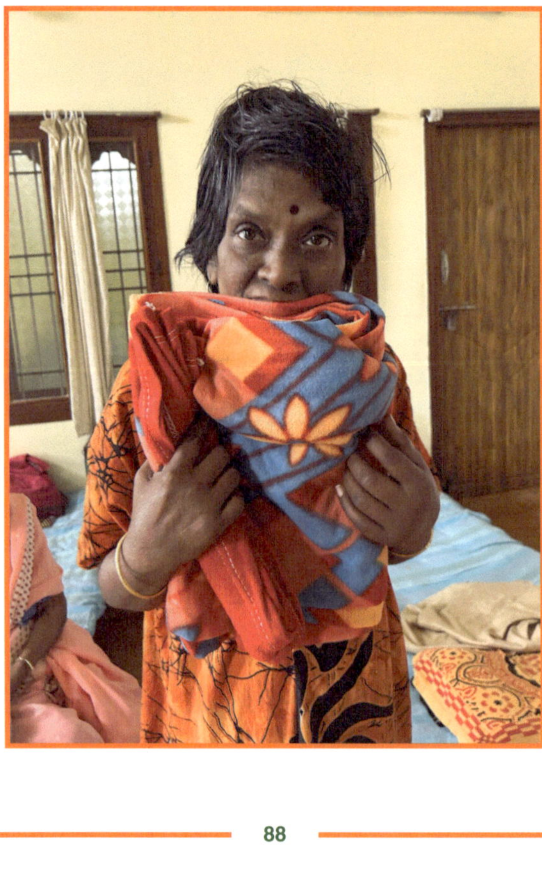

Die ganze Familie weigert sich strikt, mit ihr Kontakt aufzunehmen, geschweige denn, sie zu sich zu nehmen. Sie wollen mit ihr absolut nichts zu tun haben. Wenn sie nicht bei uns untergekommen wäre, würde sie auf der Straße leben. Sie ist eine sehr liebenswerte Person und unendlich dankbar für alles, was hier mit ihr geschieht. Sie ist außerordentlich intelligent und versteht die Vorsichtsmaßnahmen, die sich auf ihre Krankheit beziehen und die eines Tages vorüber sein werden.

Sie ist außerordentlich bemüht, alles richtig zu machen und sehr dankbar für unsere Pflege und Unterstützung. Wir mögen sie sehr gerne und freuen uns, wenn die Zeit ihrer Quarantäne hoffentlich bald vorbei sein wird.

Sumathi

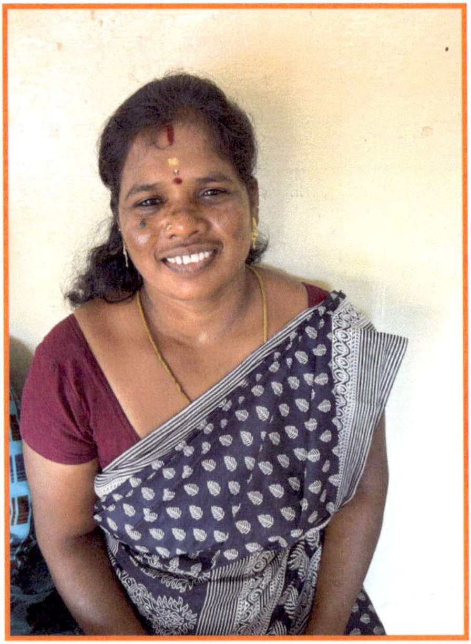

Sumathi, 35 Jahre alt,
Betreuerin seit 2021

Sumathi wurde mit 14 Jahren mit dem 20-jährigen Kupan verheiratet und sind es noch immer. Kupan ist alleinstehend, d.h. er hat keine eigene Ursprungs-Familie. Er macht Gelegenheitsarbeiten je nachdem, wo „Not am Mann" ist. Er hilft, wenn bei großen Hochzeiten Essen gekocht werden muss, repariert Elektrogeräte, Fahrräder, Mopeds und ähnliches. Das verdiente Geld wird sofort in Alkohol umgesetzt. Er ist unberechenbar und wird auch gegen Sumathi gewalttätig.

Sumathi hat zwei Söhne (19 und 21 Jahre alt) und eine Tochter (17 Jahre). Die ganze Familie hat vor dem brutalen Vater immer in Angst und Schrecken gelebt. Jetzt sind die Söhne älter und Sumathi fühlt sich beschützter als früher.

Der älteste Sohn geht aufs College, die beiden Jüngeren besuchen die 12. Klasse.

Sumathis Vater starb mit 90 Jahren vor 4 Jahren. Ihre Mutter ist 80 Jahre alt und lebt bei ihrem Bruder und seiner Familie in einem kleinen Dorf ca. 30 km von Tiruvannamalai entfernt.

Letztes Jahr ist ein Bruder von Sumathi beim Fischen tödlich verunglückt. Er ist eine steile schlammige Böschung hinuntergerutscht und ertrunken. Er hinterlässt eine Witwe mit zwei Kindern, die 10 und 13 Jahre alt sind.

Sumathi ist eine sehr liebwerte Person. Sie ist keine Witwe, aber ihre dysfunktionale Familiensituation ist so, dass sie unsere Unterstützung braucht. Sie ist praktisch die einzige in der 5-köpfigen Familie, die Geld verdient. Außerdem empfindet sie ihre Arbeitszeit in unserem Om Shanthi Heim als große Entlastung im Vergleich zu ihrem Leben zuhause. Bei uns ist sie sehr glücklich. Ihr Verdienst macht sie unabhängig von ihrem gewalttätigen Ehemann. Das spürt sie genau und ist sehr glücklich und stolz darauf.

Wir freuen uns über ihre Anwesenheit und ihr freundliches Wesen und haben ihr Hilfe angeboten, falls sie sich trennen will. Unsere neuen Apartments hier sind gut als Frauenhaus geeignet!

Sumathis größter Wunsch ist, dass ihre Kinder ein gutes Leben haben.

Rukmani und Kalai Selvi

Rukmani, 102 Jahre alt (Mutter von Kalai Selvi)
Kalai Selvi, 79 Jahre alt (Tochter von Rukmani)
Beide seit November 2021 bei uns im Heim

Rukmani wurde mit 18 Jahren mit dem Sohn der Schwester ihrer Mutter verheiratet.

Ihr Mann war 22 Jahre alt. Er war Beamter bei der Regierung und hatte ein gutes Einkommen. Aus dieser glücklichen Ehe gingen 4 Kinder hervor: zwei Söhne und zwei Töchter.

Ein Sohn wurde ebenfalls Beamter, der andere Sohn wohnte bei der Schwester und arbeitete nicht. Die jüngere Schwester von Kalai Selvi stirbt mit 50 Jahren sehr überraschend in der Nacht, nachdem ihr Rukmani am Abend eine Tasse Kaffee gegeben hat.

(Aussage von Rukmani!) Alle Kinder blieben unverheiratet.

Auch Kalai Selvi entschied sich gegen die Ehe und beschäftigte sich mit spirituellen Praktiken und Texten. Sie wurde Yogalehrerin und hatte eine enge Verbindung mit dem Isha Yogazentrum hier in Tiruvannamalai. Dort haben beide auch vorher gelebt. Murugan, ein Angestellter des Yogazentrums, hat den Kontakt zu uns hergestellt und den Umzug von beiden Frauen in unser Heim organisiert. Er meinte, dass unser Heim eine bessere Wohnstätte für beide Frauen sei als das Isha Yogazentrum.

Murugan war auch für beide Frauen eine Art Vermögensberater, der die Rentenzahlungen für Kalai Selvi, die der Vater für sie noch zu Lebzeiten eingerichtet hat, verwaltete. Beide Frauen scheinen sich nicht gut auszukennen mit Geldangelegenheiten und hatten volles Vertrauen zu Murugan. Da die beiden Frauen neulich ein wenig Bargeld brauchten, wollten wir Murugan kontaktieren. Dieser ist bisher nicht zu erreichen. Wir ahnen Schlimmes und werden weitere Nachforschungen anstellen.

Ihre beiden Söhne sind nach Aussage von Rukmani verschwunden. Niemand weiß, wo sie sich aufhalten. Der Kontakt ist vor ca. 10 Jahren abgebrochen.

Kalai Selvi wurde finanziell von ihrem Vater abgesichert. Sie erhält lebenslang eine Rente, die sie mit ihrer Mutter teilt. Wie oben erwähnt, haben sie jedoch ihre Bankgeschäfte mit Vollmacht an o.g. Murugan abgegeben, der nicht auffindbar ist, und haben selbst keinerlei Zugang zu ihren Finanzen.

Beide erfreuen sich guter Gesundheit und sind auch geistig sehr wach und klar. Bei der monatlichen Untersuchung im Krankenhaus werden ihnen nur Vitamintabletten verschrieben, die ihre gute Gesundheit erhalten sollen. Ansonsten benötigen sie keinerlei Medikamente.

Sie sind sehr zufrieden mit ihrem Leben im Om Shanthi Heim.

Sivagami

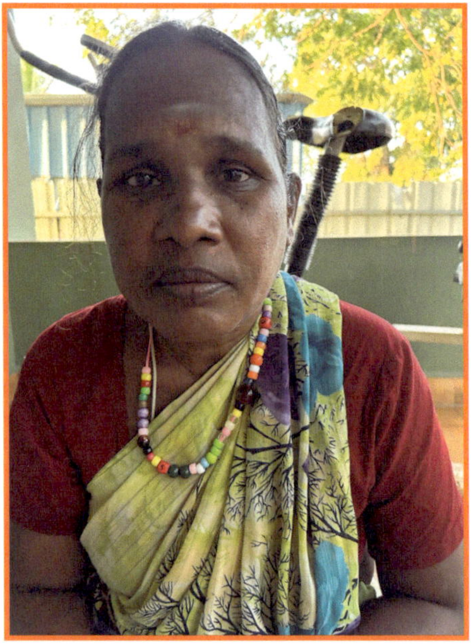

Sivagami, ca. 60 Jahre alt,
seit April 2023 bei uns

Sivagami kennt ihr Alter nicht, sie kennt auch keine anderen Zahlen. Sie ist ruhig, verschlossen, introvertiert. Ihr Gesicht und ihre Augen sind normalerweise ausdruckslos. Wir haben sie von der psychiatrischen Klinik abgeholt, weil sie austherapiert ist und kein Zuhause hat.

Ihr Mann hat sie vor langer Zeit mit zwei Töchtern allein gelassen. Sie lebte dann sehr bescheiden mit ihren Kindern von der Feldarbeit. Eine Tochter ist verstorben. Sie weiß nicht mehr, in welchem Alter. Es ist sehr wahrscheinlich, dass ihre schwere Depression und Traumatisierung auf Missbrauch und Vergewaltigung zurückzuführen ist, da alleinstehende Frauen in den Dörfern wehrlos sind. Ihre noch lebende Tochter ernährt sich durch Feldarbeit. Sie besucht ihre Mutter einmal im Monat und ist sehr dankbar, dass sie bei uns leben kann. Ihr Einkommen würde nicht ausreichen, um ihre Mutter zu ernähren.

Unsere Frauen in Om Shanthi haben Sivagami liebevoll empfangen und versuchen sie immer miteinzubeziehen. Ab und zu beteiligt sie sich an Ballspielen, Yoga, Singen und kleinen Spielen, wie z.B. Memory, wenn auch sehr zurückhaltend. Sie hilft gerne, ohne gebeten worden zu sein, bei der Gartenarbeit.

Auf die Frage, was ihre Lieblingsfarbe ist, antwortet sie: „rot“. Ihr größter Wunsch ist es, einen Apfel zu bekommen. Wir sind dankbar für jede kleine Aktion, die sie unternimmt, für jeden Blick, den sie uns schenkt und sind sicher, dass unsere anhaltende Liebe und ständige Fürsorge sie langsam wieder zum Leben erwecken werden.

Sugunabhai

Sugunabhai, 83 Jahre alt,
seit 2022 bei uns

Sugunabhai ist anmutig, zurückhaltend, freundlich und höflich. Sie hat eine sehr liebe und ruhige Persönlichkeit. Sie singt gerne und pflegt ein gutes Verhältnis zu ihren Mitbewohnerinnen.

Im Alter von 20 Jahren heiratete sie einen Onkel väterlicherseits. Ihre Ehe war kurz, aber glücklich, und sie hatten eine Tochter.

Sugunabhais Ehemann arbeitete als Wachmann in einer Firma, die Kokosnussöl herstellte und verkaufte. Er verstarb im Alter von 35 Jahren an einem Asthmaanfall.

Sugunabhai durfte daraufhin ein kleines, bescheidenes Zimmer von der Firma mieten, in der ihr Mann gearbeitet hatte. Sie lebte dort

20 Jahre lang und arbeitete im Schichtdienst als Reinigungskraft.

Ihre Tochter zog zu Sugunabhais Schwester und verbrachte dort den Rest ihrer Kindheit. Diese Schwester hat drei Kinder und lebt unter sehr guten Bedingungen. Ihr Ehemann ist ein wohlhabender Beamter, der ein großes Haus besitzt. Sugunabhais Tochter wollte lieber diesen komfortablen Lebensstil genießen, als in den ärmlichen Verhältnissen ihrer Mutter leben. Der Kontakt zu ihrer Tochter brach bald völlig ab.

Die Ölgesellschaft wurde von einem anderen Unternehmen aufgekauft. Sugunabhai blieb und arbeitete dort weitere 20 Jahre. In den letzten Jahren wurde sie um ihr ohnehin schon mageres Gehalt gebracht und ihre Arbeit wurde nicht vollständig bezahlt. Insgesamt fehlen ihr etwa 1800 Dollar. Das ist hier in Indien ein enormer Betrag.

Nachdem sie diese Firma verlassen hatte, arbeitete sie als Köchin bei einer indischen Familie, ohne dafür entlohnt zu werden. Stattdessen durfte sie ihre Mahlzeiten einnehmen und auf dem Boden im Flur ihres Hauses schlafen.

Ihre Tochter versuchte vor etwa 15 Jahren, wieder Kontakt zu ihr aufzunehmen. Sugunabhai fühlte sich jedoch viel zu sehr verletzt und lehnte den Kontakt zu ihrer Schwester, ihrer Tochter und ihren drei Enkelkindern ab.

Sie fand dann Arbeit als Fegerin am Busbahnhof von Tiruvannamalai und freundete sich mit einer Mitarbeiterin namens Sita an. Sie hatte vom Om Shanthi Heim gehört und vermittelte den Kontakt zu uns.

Seitdem lebt Sugunabhai glücklich bei uns.

Vijayalakshmi

Vijayalakshmi, 85 Jahre alt,
seit 2023 bei uns in Om Shanthi

Vijayalakshmi überrascht mich durch ihr besonders waches, offenes Wesen und ihre sehr jugendlichen Bewegungen, die man von einer 85-jährigen nicht unbedingt erwartet. Sie erzählt mir aber, warum das so ist. Vor 24 Jahren hat sie ein 3-monatiges Yogaretreat in Bangalore mitgemacht. Ihr Lehrer war Sri Sri Ravi Shankar! Seitdem praktiziert sie Yoga täglich! Die positiven Auswirkungen von Yoga sind jetzt im Alter bei ihr sehr offensichtlich!

Mit 18 Jahren wurde sie mit Mathurapillai, einem 10 Jahre älteren Mann, verheiratet. Er war Busfahrer bei einer privaten Busgesellschaft. Es war ein sehr guter Mann. Er hat sie wie eine

Tochter behandelt, sie ihn wie einen Vater. Auf diese Weise war ihre Beziehung sehr respektvoll. Dieser Ehe entstammen 4 Kinder: 1 Junge und 3 Mädchen. Alle sind gut situiert. 3 Schwiegersöhne sind Farmer in einer Gegend, wo Betelblätter und Bananen angepflanzt werden. Und ihr Sohn ist im Fliesenhandel tätig.

Als ihr Mann 2002 an Krebs starb, hat er ihr nichts hinterlassen. Sie meint, das sei der Grund, warum sie von ihren Kindern nicht respektiert wird.

Sie lebte dann immer abwechselnd in den Häusern ihrer Kinder und erledigte überall den Haushalt. Dies war schwere Arbeit für sie, denn es gab viele Enkelkinder, und sie war für alle Arbeiten zuständig. Das Essen war auch knapp für sie. Meist bekam sie nur die Reste der Mahlzeiten. Ein untrügliches Zeichen der absoluten Ablehnung hier in Indien.

Außerdem gab es Streit, wegen ihrer unerwünschten Anwesenheit. Als sie älter wurde, nahmen auch ihre Kräfte ab, und sie konnte nicht mehr so viel arbeiten. Sie fühlte, dass ihre Kinder ihre Anwesenheit ablehnten.

Sie war froh, als sie schließlich in ein „Altersheim“ in unserer Nähe gebracht wurde. Ein elender Platz, der diesen Namen nicht verdient! Sie wollte lieber obdachlos sein, als dort zu bleiben, obwohl sie kein negatives Wort darüber verlieren will. Sie war froh, als sie von Om Shanthi hörte und nahm Kontakt zu Manoharan und Kodimalli auf.

Sie bekommt nie Besuch, vermisst ihn aber auch nicht. Sie ist sehr glücklich mit ihrem Leben hier bei uns und macht alles gerne mit: Yoga, Mandala Malen, Singen (hat sie bei uns gelernt, sagt sie) und die Gesellschaftsspiele am Nachmittag, wie z.B. Elfer Raus, Domino, Fang den Hut oder Memory, etc. Außerdem liest sie viel und ist begeistert von den vielen guten spirituellen Büchern, die sich hier angesammelt haben.

Vijayalakshmi

Vijayalakshmi, 77 Jahre alt,
seit 2015 bei uns im Heim

Viyayalakshmi wurde im Alter von 15 Jahren mit dem 25-jährigen Krishnaraj verheiratet. Sie hat die Schule bis zur 5. Klasse besucht, ihr Mann bis zur 8. Klasse.

Sie wohnten in Salem, einer kleinen Stadt, wo ihr Mann als Seidenweber arbeitete.

Er war ein guter Mann. Sie bekamen zwei Söhne und eine Tochter. Alle drei Kinder sind verheiratet und haben jeweils zwei Kinder.

Viyayalakshmi arbeitete in der Küche des Colleges von Salem bis ihre Knieschmerzen zu heftig wurden. Ihr Mann war mit dem Handel von Stoffen tätig. Er kaufte die Stoffe im Großhandel in einer entfernten Stadt ein und verkaufte sie in seinem kleinen Laden. Er hatte immer schon Diabetes und hohen Blutdruck. Nachdem er jedoch gestürzt war und sich die Hüfte gebrochen hatte, war er zwei Jahre bettlägerig und pflegebedürftig.

In dieser Zeit verkaufte Viyayalakshmi den Rest der noch vorhandenen Ware und auch noch persönliche Dinge um sich ernähren zu können. Vor 15 Jahren verstarb ihr Mann.

Mit einem Sohn hat sie ein gutes Verhältnis. Er hat sie auch in der Zeit nach dem Tod ihres Mannes unterstützt. Mit dem anderen Sohn hat sie keinerlei Kontakt. Sie weiß auch nicht warum. Auch ihre Tochter möchte sie nicht in ihrem Haus wohnen haben. Zu Besuch kommt niemand.

Viyyalakshmi lernte zufällig Manoharan kennen. Dies geschah 2015. Seit dieser Zeit ist sie bei uns und fühlt sich sehr wohl.

Ihr größter Wunsch ist es, grüne Trauben zu bekommen.

Zum Schluss noch ein paar Worte

Seit 13 Jahren sind viele obdachlose Witwen in unserem Heim gewesen. 32 Frauen sind bei uns gestorben. Ihre Porträts hängen bei uns an der Außenwand des Hauses, in dem sie gelebt haben. Einige Frauen sind mit unserer Hilfe wieder in ihre Familien oder in ihr Dorf zurückgekehrt. Bei einigen Frauen hat die Wiedereingliederung nicht geklappt. Sie wurden wieder zum Betteln auf die Straße geschickt und von uns dann in jämmerlichem Zustand wieder zurückgeholt. Seitdem sind wir vorsichtig bei der Wiedereingliederung in die alten Familien- und Dorfstrukturen. Ein alkoholkranker Sohn wollte seine alte Mutter wieder zurückhaben, damit sie ihn versorgt. Auch das haben wir verhindern können.

So viele Geschichten, sind alle absolut einzigartig und doch sehr ähnlich.

Eine Frage wird mir oft gestellt: Es gibt doch auch Elend bei uns. Warum musste es für dich Indien sein? Ja ich sehe das Leid überall in der ganzen Welt und auch in unserer „Wohlstandsgesellschaft“. Ich wünsche mir, dass alle bedürftigen Menschen die benötigte Hilfe finden. Mach einfach Dein Herz auf und lass Dich überraschen was passiert. Nein, Du bist nicht zu alt oder zu schwach, um etwas zu bewirken. Die Welt braucht genau Dich, an dem Platz, an dem Du gerade bist. Wir haben genug Kriege erlebt, jetzt ist Zeit für gemeinsame, liebevolle Menschlichkeit und das Glück, das damit entsteht. Du magst denken, dass ich eine Träumerin bin … Komm einfach und erlebe unsere Frauen in Om Shanthi und unser Dorf.

Eines Tages in Zukunft werden sich Menschen wundern, wie grausam und kriegerisch die Zeiten damals waren …

Ich habe während des ganzen Prozesses hier in Indien gelernt, der Intuition zu vertrauen – ohne Wenn und Aber! Wenn das Herz klar spricht, schweigt der Verstand und das Ergebnis ist: Glück! Ja, so einfach war das bei mir. Vielleicht habe ich deshalb dieses Büchlein geschrieben, um Euch, liebe Leserinnen und Leser, miterleben zu lassen, was geschehen kann, wenn wir unserem Herzen folgen.

Mir haben die vielen Stunden der Hatha-Yoga und Bhakti-Yoga-Praxis mein Herz und meinen Geist geöffnet, um so die bedingungslose Liebe zu allem, was existiert, zuzulassen. So war es bei mir, und dann kann alles geschehen. Auch ein total neues Leben nach meiner Pensionierung, wenn ich eigentlich „alt" bin und meinen Ruhestand genießen sollte. Ich habe gelernt, dass auch im Alter viel Kraft ist, wenn ich es aus dem Herzen lebe und die Jahre dann nicht zählen. Das Alter ist die beste Zeit, um unsere reichen Erfahrungen zu sammeln und anzuwenden. Liebe ist die beste Medizin! Ich bitte Arunachala, dass er mir noch so viel Zeit wie möglich gibt, um zu tun, was nötig ist …

Danke für Euer Interesse und Euer Dabei-Sein in diesem Augenblick bis hierher und vielleicht weiter!

Wenn Ihr weiter in Kontakt bleiben möchtet mit uns und Om Shanthi, dann freuen wir uns!

Mögen alle Menschen glücklich sein, frei von Leid und Bedrückung!

Om Shanthi Shanthi Shanthi! (Shanthi heißt „Frieden".)

Anna

So können Sie unsere Arbeit mit den Witwen in Om Shanthi unterstützen:

Wir in Om Shanthi e.V. arbeiten Hand in Hand mit der Mangalam Welfare Society in Tiruvannamalai, die unsere Spenden in tatkräftige Hilfe umsetzt. 1. Vorsitzender dieser ebenfalls gemeinnützigen Organisation ist Manoharan Manipullai. Sie wird genauso intensiv von der indischen Finanzbehörde überwacht und geprüft, wie wir vom deutschen Finanzamt. Unser aller ethische und moralische Ansprüche an unsere Arbeit sind hoch. Unsere Betreuerinnen und Dienstleistenden in Om Shanthi Old Age Home bekommen ein angemessenes Gehalt für ihre Arbeit. Manoharan bekommt eine Aufwandsentschädigung. Alle anderen Helfer in unserem Verein arbeiten ehrenamtlich. So kommt Ihre Spende bei den Witwen mit kleinen Abzügen für Büro- und Portoausgaben fast vollständig bei den Hilfsbedürftigen an.

Unser Hauptziel ist es, auch die jungen, sehr bedürftigen Witwen (ca. 200) in allen Lebenslagen zu unterstützen. Unsere beiden Sozialarbeiterinnen sind beständig in den Dörfern unterwegs, um ihnen und den Dorfbewohnern sofort nach dem Tod des Ehemanns und auch später unsere Präsenz und Unterstützung zu signalisieren. Eine wichtige Hilfe in einem Land, in dem eine Frau ohne Mann immer noch schutzlos ist.

Hier sind Aufgaben, die wir neben dem Betrieb von Om Shanthi Old Age Home mit Ihren Spenden finanzieren und praktisch durchführen:

- Beratung und Rechtsbeistand in Notsituationen.
- Konkrete Hilfe in Krankheitsfällen, medizinische Versorgung und Kauf von Medikamenten.
- Unterstützung bei der Schulausbildung der Kinder.
- Spenden von Kühen und Ziegen für ein zusätzliches Einkommen.
- Reparaturarbeiten an den oft schwer beschädigten Häusern.

- Hilfe beim Bau von neuen einfachen Häusern, wenn Reparaturen nicht mehr möglich sind.
- Ausbildung im Kunsthandwerk.

Für die Kinder der jungen Witwen und die Dorfjugend haben wir im Garten von Om Shanthi Old Age Home ein Computerklassenzimmer gebaut, wo täglich, seit Januar 2025, ca. 40 Schüler/innen nach der Schule qualifizierten Unterricht am Computer erhalten. Damit wollen wir die Arbeitschancen unserer Witwen- und Dorfkinder nach Schulabschluss verbessern. Nähere Informationen gibt es zu allen Themen auf unserer Webseite:

www.widowsofindia.de

Für unsere wertvolle Arbeit mit alten und jungen Witwen und ihre Kinder sind wir auf liebevolle Unterstützung und Spenden angewiesen.

Wenn Sie sich gerne für den Unterhalt von Om Shanthi Old Age Home, die Ausbildung der Kinder der jungen Witwen oder Hilfe für indische Frauen in Not beteiligen möchten, dann nehmen wir dankbar Ihre Spende, die steuerlich absetzbar ist, entgegen:

Om Shanthi e.V. DE63 3705 0198 1931 7681 52
BIC: COLSDE33XXX

Om Shanthi e.V.
Anna Etter (1. Vorsitzende)

Oder mit Paypal auf unserer Webseite: www.widowsofindia.de
Sachsenweg 13
D-53119 Bonn, Deutschland
Tel. 49-2289658884
annelieetter7@gmail.com
www.widowsofindia.de

Wir freuen uns, wenn Sie unser Projekt in Indien selbst besuchen möchten. Alle nötigen Hinweise und die Adresse und Wegbeschreibung finden Sie auf unserer Webseite: www.widowsof-india.de. Unser Projektleiter Manoharan oder Anna, wenn Sie im Winter anwesend ist, werden Sie gerne begleiten und betreuen.

Der Film von Thilo Pohle: „Sie schaute mir direkt ins Herz", gab auch diesem Buch seinen Namen. Herzlichen Dank Dir lieber Thilo und Deiner Dokumentarfilmgruppe in Rothenburg.

Ein Film auf Youtube von einem lieben Freund zeigt Ihnen den Alltag in Om Shanthi Old Age Home:

Titel: „Die Kommune der Tamil Witwen"
https://youtu.be/Nlp-1ErRZPA

Vielleicht auf ein Wiedersehen im Om Shanthi Old Age Home in Tiruvannamalai/ Tamil Nadu/ Südindien! Wir freuen uns!

In Liebe und Dankbarkeit

***Anna Etter** (1. Vorsitzende von Om Shanthi e.V.)*
im Namen von allen, die an diesem wunderschönen
Projekt beteiligt sind.

Danksagung

Es sind viele Menschen, die von Anfang an oder mittendrin, in der Nähe von uns in Tiruvannamalai oder in weiter Ferne zum Wachsen und Gedeihen dieses wunderbaren Projekts beigetragen haben und es immer noch tun. Durch die vielen Besucher, die jedes Jahr zu uns kommen, haben unsere Om Shanthi Frauen inzwischen Freunde und Freundinnen in der ganzen Welt gewonnen.

Mit diesem Buch grüßen wir Euch und danken Euch sehr herzlich für alle Eure Spenden, die unsere Arbeit möglich machen und für die Freude, die Ihr mit Musik und Tanz in unser Heim bringt. Es würde zu weit führen, alle Namen zu nennen. Bitte fühlt Euch alle angesprochen …

Wir freuen uns auf Euren nächsten Besuch!

Ich bedanke mich herzlich beim Shanthimalai Ashram, bei Aruna Partnership und Journeys of Solution in USA, und bei Paulette, die maßgeblich an den Interviews mitgewirkt hat und alle unsere Freunde/innen in USA betreut.

Lieben Dank auch an die Rotarier in Neuss, den Sportverein Bonn-Süd, meine Yogaschülerinnen und allen Mitglieder und Freunde unseres Om Shanthi Vereins hier in Bonn. Dank an meinen früheren Schuldirektor und die Ballettschule in Engelskirchen. Auch Dank an meine Tochter und ihre Familie in Rochester/USA. Danke auch den Musikern und Künstlern, die besondere Events veranstalten und den Erlös unserem Projekt spenden!

Ganz besonderer Dank gebührt den lieben Menschen, die in unserem Heim täglich dazu beitragen, dass unsere traumatisierten Frauen heilen und dann in Frieden sterben können. An erster Stelle ist hier Manoharan zu nennen mit unserem wunderbaren Team:

Kodimalli, Malethi, Rani, Radha, Sumathi, Saratha und Kamala. Ihre natürliche, angeborene Liebe, Freude, Beständigkeit und Geduld, die aus dem Herzen kommen, vollbringen Wunder.

Auf diesem Foto sehr Ihr sie alle!

Besonderer Dank an Amma und Lioba, unsere liebevollen Begleiterinnen bei allem, was geschieht, in der Nähe oder aus der Ferne …

Danke an Thilo für seinen Film: „Sie schaute mir direkt ins Herz“, der diesem Buch seinen Namen gegeben hat und Dank an Jürgen für den Film: „Die Kommune der Tamil Witwen“ auf Youtube.

Dank zuletzt noch an Herrn Weiß vom Draupadi Verlag, dessen sofortige Zusage und Freude dieses Büchlein zu verlegen, mich sehr erstaunt und beflügelt hat! Und tausend Dank an alle, die ich vielleicht vergessen habe, zu erwähnen. Es sind einfach zu viele und ist keine Absicht!

Anna

Anna Etter

Anna Etter (geb. 1946 in Bonn) war Lehrerin an einem Schulzentrum in Köln, wo sie neben Deutsch, Englisch und Kunst auch Deutsch als Fremdsprache unterrichtete. Auch im Ausland unterrichtete sie Deutsch: Das erste Mal vietnamesische „Boatpeople" in einem UNHCR Transitlager auf den Philippinen. Dann mit dem DED afrikanische Schüler/innen in einem Lyzeum in Benin/Westafrika. Ihre Tochter Josianne begleitete sie. Neben dem Schulunterricht machte sie die Ausbildung als Yogalehrerin beim BDY und lehrt seit vielen Jahren Yoga und Meditation. Indien wurde ihr so zu einer zweiten Heimat.

Kurz nach ihrer Pensionierung wurde ihr das Elend der indischen Witwen bewusst. Dies führte 2012 zur Eröffnung des ersten

„Om Shanthi Hospiz“ in Tiruvannamalai und 2013 zur Gründung des gemeinnützigen Vereins „Om Shanthi e.V.“ in Bonn. 2015 öffnete das zweite Haus auf demselben Grundstück seine Türen und 2018 das dritte Gebäude. Alle Frauen beginnen nach ihrer Aufnahme wieder zu leben, so dass Om Shanthi schon lange nicht mehr „Hospiz“ sondern „Om Shanthi Old Age Home“ heißt.

Heute sammelt Anna Spenden für das Projekt und verbringt die Wintermonate mit ihren Witwen in Indien.

Die Situation der Witwen in Indien: Eine soziale und kulturelle Analyse

1. Einleitung

In Indien leben Millionen von Witwen, deren Lebensrealität oft von sozialer Ausgrenzung, wirtschaftlicher Not und kulturellen Tabus geprägt ist. Obwohl sich die gesetzliche Lage verbessert hat, bleiben traditionelle Vorstellungen und patriarchale Strukturen starke Hürden für eine gleichberechtigte Teilhabe am gesellschaftlichen Leben.

2. Historischer Hintergrund

Die Rolle der Witwe ist tief in der hinduistischen Kultur und Geschichte verwurzelt. In früheren Jahrhunderten galt eine Frau mit dem Tod ihres Mannes als „unrein". In extremen Fällen führte dies zur Praxis der Sati – der Selbstverbrennung der Witwe auf dem Scheiterhaufen ihres Mannes, die offiziell im 19. Jahrhundert verboten wurde, aber symbolisch weiterhin eine Rolle spielt.

3. Gesellschaftliche Stellung von Witwen

3.1. Diskriminierung und Stigmatisierung

Witwen gelten in vielen ländlichen Regionen weiterhin als Unglücksbringer. Oft werden sie aus religiösen oder familiären Ritualen ausgeschlossen, dürfen keine bunten Kleider mehr tragen und verlieren ihren sozialen Status. In manchen Fällen werden sie von ihren Familien verstoßen oder gezwungen, in Isolation zu leben.

3.2. Wirtschaftliche Abhängigkeit

Ohne eigenes Einkommen und oft ohne Zugang zu Eigentum oder Erbschaft leben viele Witwen in Armut. Besonders problematisch ist dies für ältere Frauen oder solche mit Kindern. Ohne Bildung oder Berufsausbildung bleibt ihnen kaum eine Möglichkeit zur Selbstständigkeit.

3.3. Witwenstädte

Ein bekanntes Beispiel ist die Stadt Vrindavan, auch als „Stadt der Witwen" bekannt. Tausende Frauen leben dort in Ashrams (spirituellen Zufluchtsstätten), oft ohne Kontakt zur Familie, in großer Armut, aber auch in spiritueller Gemeinschaft.

4. Rechtliche Lage

Indische Gesetze verbieten die Diskriminierung von Witwen. Es gibt Gesetze zum Erbrecht, die ihnen Eigentum sichern sollen, sowie Sozialprogramme für Renten oder finanzielle Unterstützung. Dennoch bleibt die Umsetzung schwach, besonders in ländlichen Gebieten, wo Tradition oft stärker ist als Gesetz.

5. Initiativen und Hilfe

5.1. NGOs und soziale Bewegungen

Organisationen wie Sulabh International, Guild of Service oder HelpAge India setzen sich aktiv für Witwen ein – sei es durch Bildung, medizinische Hilfe oder politische Lobbyarbeit.

5.2. Internationale Aufmerksamkeit

Die UN hat 2011 den Internationalen Tag der Witwen ins Leben gerufen (23. Juni), um auf ihre Lage weltweit, besonders aber in Ländern wie Indien, aufmerksam zu machen.

6. Wandel und Hoffnung

In den letzten Jahren gab es Fortschritte: Jüngere Generationen hinterfragen traditionelle Rollenbilder, Medien berichten zunehmend über das Thema, und einige Witwen engagieren sich politisch oder unternehmerisch. Auch gesetzliche Verbesserungen, etwa im Bereich der Witwenrente, tragen langsam zur Veränderung bei.

7. Fazit

Die Situation der Witwen in Indien ist das Ergebnis jahrhundertealter kultureller Muster, sozialer Ungleichheiten und ökonomischer Schwäche. Trotz positiver Entwicklungen bleibt die Lage vieler Witwen prekär. Es braucht weiterhin Aufklärung, rechtliche Durchsetzung und gezielte Hilfe, um diesen Frauen ein Leben in Würde, Sicherheit und Selbstbestimmung zu ermöglichen.

(Dieser Beitrag wurde mit Hilfe von ChatGPT erstellt.)